中国人民银行
金融服务报告2007年第1期

中国支付体系发展报告

China Payment System Development Report

2006

中国人民银行支付结算司

中国金融出版社

责任编辑：张　铁
责任校对：刘　明
责任印制：毛春明

图书在版编目（CIP）数据

中国支付体系发展报告．2006（Zhongguo Zhifu Tixi Fazhan Baogao. 2006）/中国人民银行支付结算司编．—北京：中国金融出版社，2007．4
（中国人民银行金融服务报告）
ISBN 978－7－5049－4348－4

Ⅰ．中…　Ⅱ．中…　Ⅲ．支付体系—发展报告—中国—2006　Ⅳ．F832．6

中国版本图书馆 CIP 数据核字（2007）第 035466 号

出版发行　中国金融出版社
社址　北京市广安门外小红庙南里 3 号
市场开发部　（010）63272190，66070804（传真）
网上书店　http://www.chinafph.com
（010）63286832，63365686（传真）
读者服务部　（010）66070833，82672183
邮编　100055
经销　新华书店
印刷　天津银博印刷技术发展有限公司
尺寸　210 毫米×285 毫米
印张　8．25
字数　150 千
版次　2007 年 4 月第 1 版
印次　2007 年 4 月第 1 次印刷
印数　1—2090
定价　135．00 元
ISBN 978－7－5049－4348－4/F・3908

序 言

支付体系是经济金融体系的重要组成部分，是一国经济金融运行的基础。支付体系的发展、支付效率的提高能够有效地促进经济金融和社会的发展。

党中央、国务院高度重视我国支付体系的建设，将其列入我国关于经济发展的重要纲领性文件之中。党的十六届三中全会通过的《中共中央关于完善社会主义市场经济体制若干问题的决定》明确提出，要“建立和完善统一、高效、安全的支付清算系统”。《中华人民共和国国民经济和社会发展第十一个五年规划纲要》进一步提出要“完善支付体系，提高支付清算效率，健全金融市场的登记、托管、交易、清算系统”。在党中央、国务院的正确领导下，中国人民银行认真贯彻“三个代表”重要思想，全面落实科学发展观，与时俱进、开拓创新，切实履行中央银行作为支付体系建设的组织者、推动者和监管者的职责，以构建安全、高效的支付体系为目标，大力推动中国支付体系改革和发展，中国支付体系的建设取得重大进展，对经济金融和社会发展的促进作用日益显现。

在支付系统等金融基础设施建设方面，以中国人民银行现代化支付系统为核心，银行业金融机构行内支付系统为基础，票据支付系统、银行卡支付系统等为重要组成部分的支付清算网络体系已基本形成。中国人民银行建设和运行的大额实时支付系统和小额批量支付系统是我国资金运动的大动脉，其功能和效率达到国际先进水平。中国人民银行建设运行并逐步完善的票据支付系统不断适应我国同城、跨区域及全国经济往来的需要。各主要银行业金融机构建设的集中高效的行内支付系统，进一步提升了业务处理能力。以中国银联银行卡跨行支付系统为主干，连接各发卡银行行内银行卡支付系统的银行卡支付网络覆盖到全国各地，实现了银行卡的联网通用。

在非现金支付工具的应用方面，适应各类经济主体多种经济活动和居民居家服务需要的非现金支付工具体系初步形成。票据制度日益完善，票据业务不断创新，票据使用和流通量稳步上升。银行卡得到广泛应用，人民币银联卡走出国门，进入国际银行卡服务市场。网上支付、电话支付等新兴电子支付工具发展迅速。

在支付服务组织发展方面，以中国人民银行为核心，银行业金融机构为主体，支付清算组织为补充的支付服务组织体系基本形成。中国人民银行为银行业金融机构及金融市场提供资金清算与结算服务。作为支付体系建设的组织者、推动者和监管者，中国人民银行大力推动支付体系的建设和发展，维护支付体系的安全和稳定。银行业金融机构按照市场化原则为企事业单位、个人及其他经济主体提供支付服务。一些新型的支付清算组织也发挥了相应的作用。支付服务进一步市场化，个性化服务日益加强，市场竞争程度不断提高。

在支付体系监督管理方面，以《票据法》、《中国人民银行法》、《商业银行法》为基础，《票据管理实施办法》、《支付结算办法》、《人民币银行结算账户管理办法》等为补充的支付结算法规制度体系基本形成。中国人民银行在充分发挥市场配置资源作用的同时，综合运用经济、法律和行政手段对支付体系实施管理，以“安全、高效”为政策目标的支付体系风险监督管理机制逐步建立。支付体系日常监督、应急处理机制不断完善。

在支付体系建设中，中国人民银行还注意借鉴国外先进经验和国际通行标准，积极参与支付领域的国际交流与合作，取得了积极进展。

改革开放以来，我国国民经济持续快速增长，经济实力和综合国力不断提高，国际影响力日益上升，人民生活不断改善，对支付体系的发展提出了越来越高的要求。特别是当前我国已进入全面建设小康社会和加快构建社会主义和谐社会的新阶段，支付体系建设面临新的环境，必然要进一步加快支付体系的发展。应当看到，中国支付体系目前还存在着一些亟待改进的方面：区域经济发展的不平衡致使地区间支付服务水平存在较大的差异，不同银行业金融机构的支付服务水平也有较大的差距，特别是中小金融机构的支付服务能力亟待加强；非现金支付工具普及和使用率有待提升；支付结算法规制度亟须完善；支付风险防范与控制机制需要进一步健全。

今后一个时期，中国支付体系发展的总体目标是：**完善以中国人民银行现代化支付系统为核心，银行业金融机构行内支付系统为基础，票据支付系统、银行卡支付系统、境内银行间外币支付系统等为重要组成部分的支付清算体系。丰富和完善以电子支付工具为发展方向，适应各类经济主体多种经济活动和居民居家服务需要的非现金支付工具体系。健全以中国人民银行为核心，银行业金融机构**

为主体，支付清算组织为补充的支付服务组织体系。建立健全有利于促进支付创新和防范支付风险的科学高效的支付监督管理体系。

以报告的形式向社会公开发布一国支付体系的发展情况，是许多国家中央银行的惯例。我们也期望通过这种形式，能透明地展示我国支付体系发展的进程，使社会各界和公众了解、把握我国支付体系的政策走向，增强社会公众对支付体系的信心。同时，我们也希望能进一步增进国际社会对中国支付体系发展情况的认知。

中国人民银行副行长

苏宁

二〇〇七年三月十八日

《中国支付体系发展报告(2006)》

编 写 组

组　长：许罗德

副组长：许　臻　谢　众　王关荣

统　稿：严　芳　周金黄　谢群松　黄　萍

执　笔（以姓氏笔画为序）：

马　龙　刘　群　孙　霖　严　芳　张　怡　张宽海

张　晔　张莉英　杨　青　陈东海　周金黄　欧韵君

胡　波　殷　实　黄　萍　程世刚　程　春　谢群松

韩　露　谭静蕙　潘　松　樊爽文

其他参与写作人员（以姓氏笔画为序）：

王　峰　李云鹏　李　伟　周鹏博　赵　涛　袁利民

高阳宗

编写说明

《中国支付体系发展报告（2006）》（以下简称《报告》）由中国人民银行支付结算司组织编写。《报告》分为四个部分：第一部分“支付体系概述”，阐述支付体系的概念及其重要作用，并简要回顾了中国支付体系的发展历程。第二部分“中国支付体系发展现状”，反映支付系统等基础设施的建设、非现金支付工具的推广应用、支付服务组织的发展、支付体系监督管理等方面的情况。第三部分“中国支付体系发展展望”，分析中国支付体系发展面临的新形势，展望支付体系发展的总体目标及今后一个时期中国支付体系的发展前景，提出2007年中国支付体系建设的预期。第四部分“附录”，包括改革开放以来中国支付体系发展大事记和2006年主要支付业务统计报表。《报告》中还设立了若干专栏，介绍相关支付体系建设方面的专项内容。

中国人民银行行长周小川对《报告》的发布提出了明确的要求，副行长苏宁亲自审定了《报告》，行长助理易纲对《报告》的内容提出了重要的指导意见。在《报告》编写过程中，我们得到了行内有关司局、单位的大力支持与配合，办公厅、研究局和中国金融出版社为本报告的出版做了大量工作，西南财经大学支付结算研究中心的有关专家参与了本期报告部分内容的研究讨论工作，在此一并表示感谢。

《报告》是对中国支付体系建设和发展进行全面、系统分析的初步尝试，因水平有限，难免存在诸多不足，欢迎各界提出意见和建议，以使今后发布的报告日臻完善。

中国支付体系发展报告编写组

二〇〇七年三月十日

目　录

第一部分　支付体系概述

第二部分　中国支付体系发展现状

第三部分　中国支付体系发展展望

第四部分　附录

第一部分
支付体系概述

- 支付体系的概念
- 支付体系的重要作用
- 中国支付体系发展简要回顾

支付体系是一国经济金融体系的重要组成部分。安全、高效的支付体系对于加速资金周转，提高资源配置效率，有效地促进经济增长，满足社会公众日益增长的支付需求，提高人民的生活质量具有重要意义；也有利于畅通货币政策传导，密切各金融市场有机联系，推动金融创新，防范金融风险，维护金融稳定，坚定社会公众对货币及其转移机制的信心。

一、支付体系的概念

支付是社会经济活动引起的资金转移行为。支付体系是实现资金转移的制度和技术安排的有机组合，主要由支付系统、支付工具、支付服务组织及支付体系监督管理等要素组成。其中，支付系统是支撑各种支付工具应用、实现资金清算并完成资金转移的通道。支付工具是传达收付款人支付指令、实现债权债务清偿和资金转移的载体，分为现金和票据、银行卡等非现金支付工具。支付服务组织是通过账户服务、支付系统、支付工具等手段为社会提供资金清算和结算服务的机构。支付体系监督管理是中央银行为维护支付体系安全、稳定以及社会公众对支付体系的信心，综合运用经济、法律和行政的手段，对支付系统、支付工具及支付服务组织进行监督管理的行为。

二、支付体系的重要作用

（一）支付体系是经济金融体系的重要组成部分

以货币为媒介的商品交易以及相伴随的资金融通是社会经济活动的基本形式。商品交易和资金融通蕴涵着资金的转移，而资金的转移过程便是支付的过程。自从银行制度诞生以来，作为支付手段的货币表现为两种主要的形式：一种是实物货币或称现金，另一种是银行存款。现金交易属于典型的“钱货两讫”，支付过程瞬时完成。以银行存款为支付手段的交易则是付款人存在银行账户上的存款资金向收款人银行账户转移。这一过程包括交易的确认、运用非现金支付工具发出支付指令、通过支付系统传递支付信息并实现资金的转移。支付过程的每一个环节能否顺利发挥其功能直接决定交易的成败和效率。与此同时，作为支付过程中服务主体的银行业金融机构，不仅提供账户服务，记录存款货币的存量和流量信息，为交易主体提供支付工具、支付信用、支付信息传递渠道和资金转移通道，而且为交易主体之间复杂的债权债务提供清算和结算服务。其中，银行所特有的账户信息记录与管理功能使货币、支付与金融紧密联系在一起。支付体系成为经济金融体系的重要组成部分。

（二）支付体系是货币政策有效传导和金融稳定的前提与基础

在支付体系中，重要支付系统特别是大额实时支付系统是有效传导货币政策的重要渠道。大额实时支付系统与中央银行公开市场操作业务系统相连，完成中央银行买卖有价证券的资金清算，提高公开市场操作效率，直接影响银行业金融机构的超额储备，调节货币供应。大额实时支付系统为中央银行进行存款准备金考核提供准确、即时的信息，提高了中央银行货币政策的有效性。大额实时支付系统处理的每笔支付业务实时到账，实现跨行资金清算的零在途，大大加速了社会资金周转，对狭义货币以及货币需求都有较大的影响。大额实时支付系统为外汇交易、同业拆借市场提供快捷、低成本的资金清算服务，有助于货币市场运作和货币市场资金流动性的增强。

支付系统作为经济金融体系的重要基础设施，是维系金融机构、金融市场之间的纽带，其能否安全稳定运行关系到金融市场中的资金和证券能否在中央银行与金融机构之间以及金融机构之间顺利转移。支付系统中的单个或多个参与者支付能力不足有可能引发流动性风险、信用风险甚至系统性风险，产生“多米诺骨牌效应”，引发整个金融体系风险和社会震荡。重要支付系统运行的中断还会造成金融市场交易和整个社会支付链的中断，引发严重的运行风险。此外，一些重要的零售支付系统，如银行卡支付系统、票据支付系统①等运行的中断可能会造成大面积、长时间无法使用非现金支付工具，直接影响生产和生活，造成社会的不稳定，并损害社会公众对货币转移机制的信心。

因此，维护支付体系的稳定，确保其安全高效运行，是有效传导货币政策和维护金融稳定的重要前提。“支付体系必须健康而可靠，即使在由其连接的金融市场发生危机的情况下，支付体系本身绝不应成为这种危机的源泉。”②

（三）支付体系的发展能有效促进经济增长和金融效率的提高

支付体系通过严谨的法规制度和便利的设施安排，向社会提供资金转移的工具和通

① 票据支付系统是指中国人民银行建设运营的同城票据清算系统（含同城票据交换所）、全国支票影像交换系统的统称。

② 见国际清算银行支付结算体系委员会：《中央银行对支付结算体系的监管》，2005年5月。

道，提供安全高效的资金清算和结算服务，满足日益增长的社会经济活动的需要。其中，支付系统支撑各种支付工具的使用，为社会经济金融运行提供快捷、高效的资金转移通道，是贯穿整个经济金融活动的核心基础设施。非现金支付工具的推广和应用，能够减少现金流通，降低交易成本，增加支付工具的可选择性，提高使用者分散风险的能力，满足社会公众多样化、个性化的支付需求。例如，票据不仅是支付工具，而且是重要的信用工具或融资工具，在融资、流动性管理、风险分散、货币政策传导等方面发挥重要作用。银行卡对于便利居民日常收付，拓展个性化理财服务，促进旅游、消费，扩大税基，推动电子商务的发展具有重要意义。电子支付代表着支付工具的发展方向，其推广使用使经济活动中的各种交易突破时空限制，降低资金在途风险，节约了交易时间，提高了交易效率，促进了金融业务的创新和经济的发展。

支付服务组织是支付体系的能动要素。中央银行作为一国支付体系建设的组织者、推动者和监管者，通过建设和运行重要支付系统等为银行业金融机构提供跨行资金清算及最终结算服务，并依法对支付服务组织及其支付业务活动实施监督，维护支付结算秩序，促进银行业金融机构及其他支付服务组织有序竞争，提高金融服务质量。银行业金融机构通过账户服务和中介服务，以及遍布城乡的机构网络，为国民经济各部门、单位和个人提供支付服务，通过技术创新和业务创新，不断提高支付服务的效率和质量。非金融机构性质的支付清算组织利用信息技术优势，通过与银行业金融机构合作，提供多样化的零售支付服务，它们逐渐成为我国支付服务市场的有效补充力量。

支付体系的安全和效率决定资金转移的安全和效率，进而影响经济活动的效率。各国经济发展的经验表明，经济愈发展，经济活动及其参与者对支付体系运行质量要求愈高。

（四）支付体系的发展能促进社会公众生活质量的提高

随着经济的快速发展、生活水平的不断提高、生活节奏的加快，人们的交易支付习惯也在不断地调整和变化。安全、便捷、个性化的支付服务需求成为一种趋势。密码、“防火墙”、电子签名等技术安全措施在支付领域获得了广泛运用，健全的支付体系风险防范机制有效地保障了资金安全。中国人民银行大额实时支付系统、银行业金融机构行内支付系统的建设和发展，实现了资金实时到账，满足了客户的即时支付需求，大大降低了资金的在途风险。中国人民银行小额批量支付系统的建成，搭建了提供支付清算服务的公共平台。利用这一平台，银行业金融机构和支付清算组织可以提供个人存款的通存通兑，水、电、煤气等公用事业费用缴纳，工资、养老金发放等服务，极大地便利了社会公众生活。银行卡、电话支付、网上支付等新兴支付工具的发展，使得支付过程可以瞬间完成，并加入了时尚的元素，满足了个性化的需求。总之，支付体系的发展提高了人们的生活质量，促进了新型支付文化的发展。

（五）支付体系的发展能有效推动金融创新

安全高效的支付体系是支持和推动金融创新的重要基础。支付系统等金融基础设施的建设及不断完善，提升了银行业金融机构的业务处理能力，为银行业金融机构进行产品和服务创新提供了公共平台，进一步提高了其市场竞争力。非现金支付工具是银行业金融机构产品创新的重要内容。非现金支付工具的不断创新和广泛应用，拓展了金融服务对象，延伸了金融服务领域，丰富了金融服务产品，提高了中间业务收入。支付体系将银行业金融机构紧密联系在一起，促进了竞争与合作，发挥了金融体系的整体优势，提高了金融服务质量，推动了金融创新。

三、中国支付体系发展简要回顾

支付体系的发展状况主要取决于经济金融总体发展水平，以及科学技术特别是计算机网络、电子通信技术在经济金融领域的应用。与经济发展相适应，中国支付体系的建设和发展也经历了几个重要的阶段。

计划经济时期，单一的国家银行信用统揽支付结算，商业信用受到限制甚至被取消，货币流通依据国家计划进行组织和调节。按照“钱货两清、维护收付双方正当权益、银行不予垫款”的结算原则，中国人民银行集清算、结算、监督于一身，承担了“正确组织清算，准确及时办理结算，做好结算监督和综合反映”的职能。在这一时期，银行结算体现了为计划经济服务的要求：按计划合同办理结算；一切转账结算集中于银行，结算对公对私分开；建立了高度集中的“全国大联行”清算体系；颁布了第一部账户管理办法，用行政手段对企事业单位的经济活动实行监督，具有鲜明的计划经济及国家银行体制色彩。

改革开放以来，为适应经济、金融体制的改革和发展的需要，中国支付体系也发生了一系列的变革：一是银行结算改革。淡化银行结算的管理性、行政性，强调银行结算的中介性、服务性；取消结算工具的主体限制，强调结算工具的通用性、便捷性和安全性。二是联行清算制度改革。取消了全国大联行，实行多家专业银行自建联行系统，划分了中国人民银行和专业银行的联行资金；实行专业银行跨行相互转汇，划分了专业银行之间的联行资金；实行了专业银行跨系统和系统内大额汇划款项通过中国人民银行转汇，大额银行汇票通过中国人民银行清算资金。三是支付系统等基础设施建设的启动。中国人民银行着手开发建设以专业卫星通讯网为依托的全国电子联行系统，并于1991年4月1日投入试运行，初步实现了我国异地跨行支付清算业务处理电子化。中国人民银行各分支行开始组织建设同城票据交换系统，为同城资金汇划提供清算服务。此外，各专业银行也相继建设行内电子汇兑系统。

党的十四大确立了社会主义市场经济体制建设目标之后，中国综合国力不断提升，经济金融改革逐步深化，支付体系在规范中稳步发展。一是1995年颁布的《中国人民银行法》确立了中国人民银行全面承担支付清算管理、维护支付清算系统安全运行的职责。二是《票据法》、《票据管理实施办法》及《支付结算办法》的制定和颁布，确立了信用支付工具在支付结算中的主导地位，形成了以汇票、本票、支票和信用卡为主体的结算制度，进一步规范了支付结算行为，支付工具的使用和管理步入了法制化轨道。三是支付系统等基础设施建设继续推进。中国人民银行逐步完善全国电子联行系统，实施电子联行“天地对接”工程，解决了电子联行“天上三秒，地上三天”的突出问题，提高了全国电子联行系统处理速度，资金在途时间由7~10天减少到2~3天。各银行业金融机构加大行内电子汇兑系统建设的力度，提高了资金汇划的效率。国家启动“金卡工程”建设，开通了信息交换中心，实现部分城市银行卡跨行使用。四是整顿支付结算秩序。针对当时支付结算工作中存在的不讲信用，不执行结算纪律，支付结算秩序混乱等突出问题，中国人民银行坚决实施“三不准”[①]，加强银行结算账户管理，大力推行票据结算，严肃清欠纪律，促进了企业及时偿付货款。

进入21世纪，中国支付体系建设步入创新、跨越发展的新时期。党的十六届三中全会明确提出，要“建立和完善统一、高效、安全的支付清算系统”。2003年修订的《中国人民银行法》明确规定，中国人民银行负责“维护支付、清算系统的正常运行”。以安全、高效为目标的现代化支付体系建设步入加速发展轨道。

支付系统等金融基础设施建设取得重大进展。2005年6月，中国人民银行完成大额实时支付系统在全国的推广运用，为社会经济活动的开展和资金运动提供“金融高速公路”。与此同时，中央银行会计集中核算系统在全国的推广运用也顺利完成，为支付交易提供最终转账结算，夯实了中央银行金融服务的基础。2006年6月，中国人民

① “三不准”是指，不准以任何理由压票、随意退票、截留挪用客户和他行资金、受理无理拒付、自行拒付退票、不扣或少扣滞纳金；不准在结算制度之外规定附加条件，影响汇路畅通；不准违反规定开立和使用账户。

银行小额批量支付系统建成并推广到全国，该系统成为银行业金融机构和支付清算组织创新支付业务，拓展服务功能的公共平台。中国人民银行为适应我国同城、跨区域及全国经济往来的需要，也完善了票据支付系统。同时，银行业金融机构充分利用计算机网络和电子通信技术，相继建设了新一代行内支付系统，为银行业金融机构的业务创新和风险控制提供支持。2002 年 3 月，中国银联股份有限公司成立，建设和运营了新一代银行卡跨行支付系统，推进银行卡联网通用。

非现金支付工具的推广和应用速度明显加快。支票、商业汇票和银行本票业务近年来发展较快。为促进票据的使用与推广，中国人民银行先后对票据和结算凭证进行了规范化和标准化整合；补充完善了票据业务相关制度；大力推动跨区域票据中心建设。银行卡普及和使用率不断提升，银行卡已成为我国个人使用最广泛的非现金支付工具。中国“银联”标识的人民币卡不仅在国内广泛应用，在境外的受理也取得重大进展。同期，一些主要的银行业金融机构进行信用卡经营管理体制改革，成立信用卡中心，加速了信用卡的发展。2005 年 4 月，中国人民银行等九部委共同发布《关于促进银行卡产业发展的若干意见》，为银行卡的进一步发展提供了良好的政策环境。网上支付、电话支付、移动支付等电子支付工具也取得了较快发展。

支付服务市场新兴力量发展迅速。随着计算机网络、电子通信技术和电子商务的快速发展，以及金融与技术的不断融合，社会分工的日益细化，银行业金融机构逐渐将部分支付清算服务委托给其他更具技术优势的非金融机构。有些非金融机构日益发展成为专业化的支付清算服务主体，凭借先进的技术优势和颇具特色的经营方式，提供支付信息的交换、清算等服务，提高了支付服务效率，改善了支付服务质量，逐步发展成为中国支付服务市场的有效补充力量。

支付结算监督管理明显加强。2003 年，中国人民银行发布实施《人民币银行结算账户管理办法》，加强银行结算账户的管理。2005 年 6 月，中国人民银行建设的人民币银行结算账户管理系统在全国投入运行，为规范银行结算账户的开立和使用提供了重要支持。中国人民银行还同步开展了全国范围的银行结算账户清理核实，纠正违规开立、变更和使用银行结算账户等做法，确保了存款人银行结算账户信息的完整性、合规性和单位基本存款账户的唯一性。2005 年，中国人民银行发布实施《电子支付指引（第一号）》，初步建立了对网上支付等新兴电子支付业务的监督管理机制。

大力改善农村地区支付结算环境。近年来，中国人民银行始终把解决农村信用社支付结算难问题放在特别突出的位置，积极采取有效措施，为农村信用社加入大额实时支付系统和小额批量支付系统创造有利条件，推动农村金融基础设施建设，改善农村支付结算环境。推行支付结算代理制，鼓励农村信用社拓展业务范围，把农村信用社纳入票据支付系统。批准设立农村信用社资金清算机构，拓宽农村信用社资金清算渠道。在12个农民工输出大省（自治区、直辖市）开展农民工银行卡特色服务[①]，为广大农民工异地存取款和保障资金安全提供了新手段。

① 在本报告的编写过程中，湖北省也于2007年2月8日开通了农民工银行卡特色服务。全国目前开通农民工银行卡特色服务的省（市）已达到13个。

第二部分
中国支付体系发展现状

- 支付系统等金融基础设施日趋完善
- 非现金支付工具广泛应用
- 支付服务组织多元化发展
- 支付体系监管体制基本确立

一、支付系统等金融基础设施日趋完善，对社会经济发展的促进作用日益显现

目前，我国已初步建成以中国人民银行现代化支付系统为核心，银行业金融机构行内支付系统为基础，票据支付系统、银行卡支付系统为重要组成部分的支付清算网络体系，对加快社会资金周转，提高支付清算效率，促进国民经济健康平稳的发展发挥着越来越重要的作用。

2006 年，中国人民银行现代化支付系统、票据支付系统①、银行业金融机构行内支付系统及银行卡支付系统②共处理支付业务 381 820 万笔，金额 5 527 636 亿元，金额是 2006 年 GDP 总量的 26.4 倍。

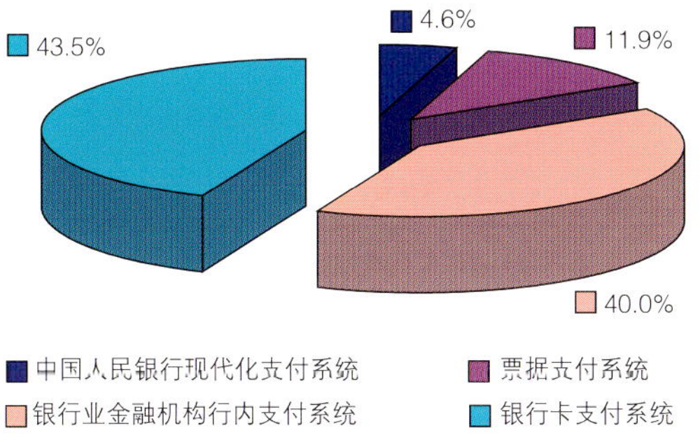

图2-1　2006年度各系统业务笔数分布图

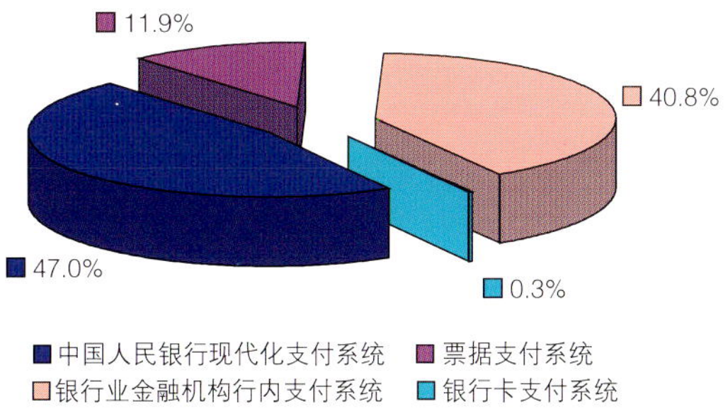

图2-2　2006年度各系统业务金额分布图

① 仅包括同城票据清算业务数据。

② 仅指银行卡跨行支付系统数据。银行卡行内支付系统业务已统计在银行业金融机构行内支付系统业务内。

（一）中国人民银行现代化支付系统

中国人民银行现代化支付系统是中国人民银行利用计算机网络和电子通信技术开发建设的，为银行业金融机构和金融市场提供资金清算服务的公共平台。该系统能够高效、安全处理银行业金融机构办理各种支付业务及其资金清算和金融市场交易资金清算业务，是中国人民银行发挥金融服务职能的核心支持系统。中国人民银行现代化支付系统主要由大额实时支付系统和小额批量支付系统两个业务应用系统，以及清算账户管理系统和支付管理信息系统两个辅助支持系统组成，建有两级处理中心，即国家处理中心和全国省会（首府）城市处理中心及深圳城市处理中心。

大额实时支付系统

大额实时支付系统主要处理同城和异地的金额在规定起点以上的大额贷记支付业务[①]和紧急的小额贷记支付业务。大额支付指令逐笔实时发送，全额清算资金，主要为银行业金融机构和金融市场提供快速、高效、安全、可靠的支付清算服务，是支持货币政策实施和维护金融稳定的重要金融基础设施。

为适应经济金融的发展，2000 年 10 月，中国人民银行决定启动大额实时支付系统的建设。经过近 5 年的不懈努力，2005 年 6 月，中国人民银行圆满完成大额实时支付系统在全国的推广应用，取代全国电子联行系统，实现了我国异地跨行支付清算从手工联行到电子联行，再到现代化支付系统的跨越式发展和历史性飞跃，成为中国支付体系改革和发展的重要里程碑。目前，大额实时支付系统连接 1 500 多家直接参与者[②]，6 万多家间接参与者[③]，系统运行稳定，业务处理准确，资金清算无误，日均处理支付清算业务近 60 万笔，日均金额达 1 万亿元。2006 年，大额实时支付系统共处理支付清算业务 14 181 万笔，金额 2 575 363亿元，占支付系统业务量的 3.7% 和 46.6% 。

大额实时支付系统与中央银行会计集中核算系统、国家金库会计核算系统、银行业金融机构行内支付系统、中央债券综合业务系统、外汇交易及同业拆借系统、银行卡支付系统、城市商业银行汇票处理系统等多个系统连接，其功能、技术性能和安全效率达到了国际先进水平。

---

① 贷记支付业务是指付款人委托其开户银行主动将款项划给收款人的业务，目前大额支付系统贷记支付业务的金额起点为 2 万元。

② 直接参与者是指直接与支付系统城市处理中心连接并在中国人民银行开设清算账户的银行业金融机构以及中国人民银行地（市）以上中心支行（库）。

③ 间接参与者是指未在中国人民银行开设清算账户而委托直接参与者办理资金清算的银行业金融机构以及中国人民银行地（市）以上中心支行（库）。

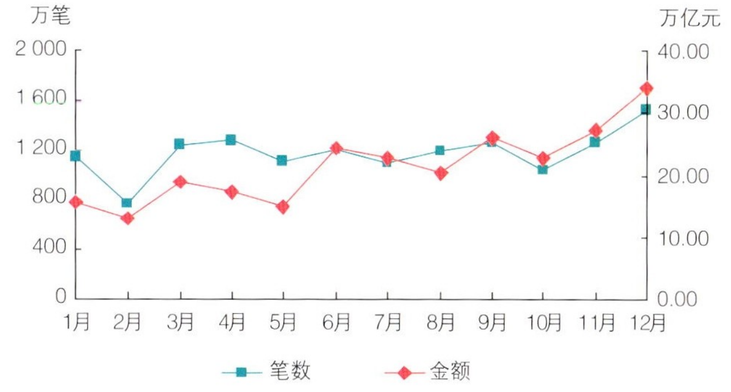

图2-3　2006年度大额实时支付系统月度业务量增长趋势图

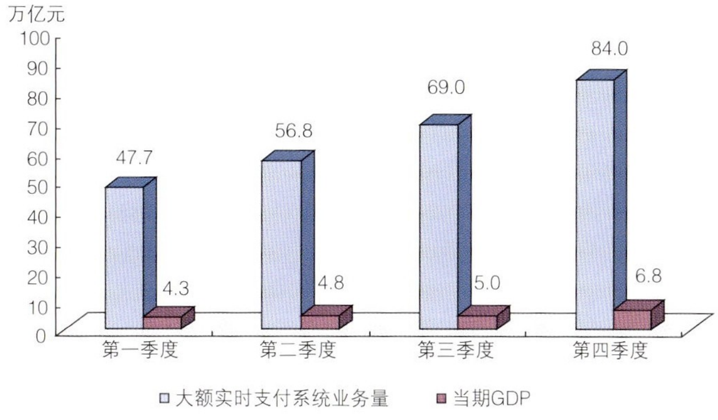

图2-4　2006年度大额实时支付系统季度业务量与当期GDP比较示意图

高效的支付清算服务功能。大额实时支付系统连接各银行业金融机构参与者，实行从发起行到接收行全过程的自动化处理，每笔支付业务实时到账，实现了全国跨行资金清算的零在途，加速了社会资金周转，提高了资金使用效率。同时，大额实时支付系统也方便香港和澳门地区个人人民币汇款、存款、兑换和银行卡业务的资金清算，引导香港和澳门地区人民币的有序回流，促进中国内地和港澳地区的人员和经贸往来。

灵活的系统管理功能。大额实时支付系统设置了接入管理功能，可以满足各银行业金融机构灵活接入系统的需要；设置业务控制功能，可对不同参与者发起和接收的支付业务进行控制；设置队列管理功能，参与者可对排队业务进行次序调整；设置了清算账户控制管理功能，中国人民银行可对严重违规或发生信用风险的直接参与者的清算账户实施部分金额控制、借记控制直至关闭。

大额实时支付系统提供联机头寸查询、自动质押融资、清算窗口开启、日间透支限额设置等功能。银行业金融机构可随时查询和预测其头寸的变化情况，及时筹措资金，完成支付业务的资金清算。这为银行业金融机构加强流动性管理提供了更大的操作空间，有利于降低其资金运营成本，提高盈利能力。

有效的货币政策传导与金融市场资金清算功能。大额实时支付系统为中央银行公开市场操作业务提供即时清算，完成中央银行买卖有价证券的资金清算，提高了公开市场操作效率。大额实时支付系统为中国人民银行进行存款准备金的考核提供准确、即时的信息。

大额实时支付系统与中央债券综合业务系统直接连接，支持中国债券交易及其资金清算采用国际证券业标准结算模式——“付款交割”（DVP）方式，实现债券交割和资金清算的同步。大额实时支付系统与外汇交易及同业拆借系统连接，为外汇交易市场和同业拆借市场提供快捷、低成本的资金清算服务。

健全的支付风险防范机制。针对大额实时支付系统运行可能出现的流动性风险、信用风险、法律风险和运行风险等，中国人民银行参照国际清算银行《重要支付系统核心原则》，采取了一系列防范和处置风险的措施。大额支付业务全额实时清算资金，不足支付的交易作排队处理，并建立债券质押与资金融通相结合的自动质押融资机制；对日终仍不足支付的交易，中国人民银行提供贷款，督促银行业金融机构及时筹措资金；建成了大额实时支付系统应急灾难备份系统，建立了运行维护机制，切实防范支付风险。

专栏一

债券交易的付款交割（DVP）结算

付款交割（Delivery Versus Payment，DVP），俗称“一手交钱，一手交货”，是指债券交易达成后，在双方指定的结算日，债券和资金同步进行交收并互为交割条件的一种结算方式。由于纯券过户、见券付款和见款付券等传统债券交易结算方式均不能同步实现债券过户与资金交割，交易双方地位不平等易带来信用风险，DVP 结算方式已逐渐成为防范结算风险的国际通行做法。

中央债券综合业务系统是集债券发行、登记、托管、结算和代理兑付等服务功能于一身的综合性业务系统，是中国债券市场运作的核心基础设施。2004 年 11 月 8 日，中央债券综合业务系统成功接入大额实时支付系统，中央国债登记结算有限责任公司可以根据投资人的债券交易指令，直接向大额实时支付系统发出即时转账报文，实现每笔债券和资金同步交收的 DVP 结算。

债券交易实现DVP结算，是中国金融发展史上的一件大事，也是中国债券市场运行模式的一次重大完善，对于支持货币政策实施、维护金融稳定、提高银行业资产管理水平和全社会金融服务水平都具有重要意义。目前，已有111家银行业金融机构和7家非银行业金融机构开通了DVP结算功能。2006年，日均DVP结算额达到1 369.42亿元，全年DVP结算额占银行间债券交易结算总额的73.82%。DVP结算涉及的券种有政府债券、中央银行债券、政策性金融债券、银行业金融机构金融债券和企业债券等。DVP结算方式已逐步占据中国银行业金融机构债券结算方式的主导地位。

专栏二

自动质押融资

自动质押融资是指银行业金融机构在中国人民银行现代化支付系统清算账户日间头寸不足时，通过自动质押融资系统向中国人民银行质押债券，融入资金，弥补头寸，待资金归还后将质押债券自动解押的行为。自动质押融资是提高支付清算效率、防范流动性风险的重要措施。

近年来，中国人民银行现代化支付系统的参与者和业务量快速增加，流动性管理越来越成为影响支付清算效率的重要因素。流动性过低，清算账户余额不足支付，影响支付业务的及时处理和社会资金的周转速度；流动性过高，清算账户保留大量余额，增加支付系统参与者的资金成本，降低社会资金的运用效率。因此，世界各国都强调中央银行在支付系统中的责任和义务，注重为系统参与者提供日间融资便利，一般采用质押融资和日间透支两种机制，其中质押融资因有资产担保，为各国中央银行所普遍采用。2006年5月8日，中国人民银行依托现代化支付系统、中央银行会计集中核算系统和中央债券综合业务系统，正式启用自动质押融资机制。

为合理控制自动质押融资的总体规模，协调货币政策操作，中国人民银行依据法人机构实收资本金、信用和流动性状况设置参与者自动质押融资限额①。目前，中国人民银行暂定国有商业银行和股份制商业银行自动质押融资最高额度不超过其实收资本金的2%；城市商业银行、城乡信用社的自动质押融资最高额度不超过其实收资本金的5%。

① 自动质押融资限额是指参与者在单日任何时点的自动质押融资最高余额。

自动质押融资使用的证券为在中央国债登记结算有限责任公司托管的政府债券、中央银行债券、政策性金融债券，以及经中国人民银行认可、可用于质押的其他有价证券。为防范市场风险，中国人民银行根据各类债券的信用度和市场价值确定债券质押率，即通过自动质押融资融入的资金与质押债券面额的比率。原则上，各类债券的质押率最高不超过90%。

为督促金融机构及时归还资金，避免隔日还款给中央银行货币政策带来影响，自动质押融资对当日还款和隔日还款采取差别利率。当日还款的按照日间利率，即再贴现利率减0.27个百分点计算；隔日还款的按照隔夜利率，即再贴现利率加7.2个百分点计算。

截至2006年末，已有70家银行业金融机构（存款类银行业金融机构法人或经法人授权的分支机构）与中国人民银行签署了《自动质押融资业务主协议》，获得开办自动质押融资业务的资格。

小额批量支付系统

小额批量支付系统主要处理同城和异地纸凭证截留的借记支付业务①以及每笔金额在规定起点②以下的小额贷记支付业务。支付指令批量发送，轧差净额清算资金，主要为社会提供低成本、大业务量的支付清算服务。

2005年1月，中国人民银行在建设推广大额实时支付系统的同时，启动了小额批量支付系统的建设。2006年6月，中国人民银行完成小额批量支付系统在全国的推广建设。小额批量支付系统支撑各种支付工具的使用，满足社会经济发展多样化的支付需要，能有效地促进社会公共支付水平的提高。2006年，小额批量支付系统共处理支付清算业务3 336万笔，金额21 552亿元。

小额批量支付系统与大额实时支付系统实现了功能互补，具有以下主要特点：

支撑各种支付工具的使用。小额批量支付系统处理的业务种类齐全，不仅可以处理小额汇兑、委托收款等传统的借、贷记业务，还可以处理财税库行横向联网、跨行通存通兑、支票圈存和支票截留等业务，公用事业费的收取等定期借记业务，工资、政府福利津贴、养老金和保险金的发放等定期贷记业务。小额批量支付系统基本能适应当前和今后一段时期经济活动和业务发展的支付需要。

实行7×24小时连续运行。小额批量支付系统实行“全天候”服务，可以对网上支

---

① 借记支付业务是指收款人委托其开户行向付款人主动发起的收款业务。

② 目前小额批量支付系统贷记业务的金额上限为2万元。

付、电话支付等服务提供支持，满足法定节假日支付活动的需要，便利了公众的日常支付，也有助于银行业金融机构拓展各类中间业务，改进支付结算服务。

严格的支付清算规则。小额批量支付系统设计了统一的清算规则，强调系统参与者对已轧差的支付业务信息及时入账处理。系统对小额支付业务的轧差净额定时清算，并对各种业务的组包处理、批量发送等方面进行严格限定。系统还设置了参与者发起和接收业务的权限控制功能，中国人民银行可根据实际情况，灵活调整。

完备的风险防范措施。针对小额支付业务的转发和资金清算不同步、易产生流动性风险和信用风险的情况，小额批量支付系统对直接参与者提供净借记限额管理，并要求其对净借记限额提供质押品或资金作为担保。参与者发起的支付业务只能在净借记限额内支付。小额支付业务轧差净额的清算统一纳入大额实时支付系统处理，通过自动质押融资机制，加强银行业金融机构的流动性管理。为防范运行风险，系统设计了小额排队业务的撮合机制，采取多种技术措施保证系统的安全运行，提高了业务处理效率。

功能设计具有多样性和可扩充性。小额批量支付系统的功能具有多样性、前瞻性和灵活性。中国人民银行可根据业务发展和管理的需要适时启用。系统的适应性和可扩充性较强，支持灵活的技术升级，确保网络资源的扩容或硬件设备的添加不影响各类支付业务的正常处理。银行业金融机构和支付清算组织可以充分利用这一平台进行产品创新和服务创新。

此外，小额批量支付系统还支持票据支付系统和支付清算组织的接入，为其传输各种支付清算信息。

专栏三

定期借记、定期贷记业务

小额批量支付系统除能够处理传统的借记、贷记业务以外，还能处理定期借记、定期贷记业务等多种与老百姓生活密切相关的支付业务。

- 定期借记业务

定期借记业务指收款人依据当事人各方事先签订的合同，委托其开户银行定期向付款人开户银行发起的批量收款业务，如水、电、煤气等公用事业的收费，社会保障资金等公益性资金的征收。当公用事业单位和劳动社会保障部门委托其开户银行扣收公用事业费用和社会保障资金时，收款人将记载付款人开户银行名称、付款人账号和金额的收费清单送交其开户银行；收款人开户银行通过小额批量支付系统向付款人开户银行发起定期借记业务；付款人开户银行收到定期借记业务指令后，根据与付款人签订的委托付款协议办理扣款，并将处理结果形成定期借记业务回执，通过小额批量支付系统返回收款人开户银行进行相应处理。小额批量支付系统在规定时点对同意付款的业务回执进行资金清算。

通过小额批量支付系统办理定期借记业务时，收费单位、付款人和付款人开户银行之间要事先签订协议，约定各方的权利、责任和义务。为实现银行业金融机构行内支付系统业务收费的自动化处理，付款人开户银行需建立合同号数据库，实现对合同号的自动校验，提高业务处理效率。

- 定期贷记业务

定期贷记业务指付款人依据当事人各方事先签订的合同，委托其开户银行定期向收款人开户银行发起的批量付款业务，如工资、奖金、社保资金的发放，及国库各类款项的批量划拨等。企事业单位、社会保障部门和保险公司等委托银行机构发放工资、政府福利津贴、养老金和保险金时，付款单位将记载收款人开户银行名称、账户信息和金额的付款清单提交其开户银行，开户银行借记付款单位账户后，通过小额批量支付系统向收款人开户银行发起定期贷记业务，收款人开户银行收到已轧差的贷记业务信息即可将款项贷记收款人账户。小额批量支付系统在规定时点对纳入轧差的业务进行资金清算。

小额批量支付系统定期借记业务、定期贷记业务的开通，实现了各银行业金融机构营业网点资源共享，既方便了企事业单位，又便利了社会公众在一家银行业金融机构网点交纳各种费用，有效解决了“几多存折几多愁”的问题。

（二）中央银行会计集中核算系统

中央银行会计集中核算系统是以中国人民银行地市以上分支机构为基本核算单位，运用计算机网络和电子通信技术，遵循会计基本原理、准则和特定方法进行设计的，集中核算、反映和管理中国人民银行各类会计业务的电算化系统。该系统提供资金最终结算服务，是中国人民银行现代化支付系统的运行基础，是中国人民银行履行各项职能的核心支持系统。其业务范围涵盖中国人民银行对金融机构的存贷款业务，公开市场业务，质押融资业务，货币投放、回笼业务，中国人民银行内部资金汇划、清算和财务核算等业务。

为配合中国人民银行现代化支付系统的建设，2000 年 12 月，中国人民银行开始建设中央银行会计集中核算系统，并于 2005 年 6 月在全国推广成功。根据小额批量支付系统和自动质押融资机制的业务要求，中国人民银行于 2006 年 6 月完成了中国人民银行小额支付业务和自动质押融资业务处理功能的推广。2006 年中国人民银行各项上划业务通过中央银行会计集中核算系统的小额支付业务完成，取消了存续五十多年的手工联行。

中央银行会计集中核算系统的主要功能特点：一是账务处理及数据存储相对集中。中国人民银行会计基本核算单位集中到地市以上分支机构，县支行作为营业网点仅负责受理柜台业务，减少了管理层次，提高了会计信息质量和使用效率。二是业务处理自动化程度较高。在支持货币政策实施方面，中央银行会计集中核算系统为再贷款、再贴现、公开市场和存款准备金管理设计了完善的控制和处理功能，实现了各项账务的实时自动记载、利率的灵活设置、利息的自动计算和存款准备金的自动考核。三是数据传输安全、快捷。中央银行会计集中核算系统各节点间采用严格的安全技术，保证了数据传输的安全性。同时，中央银行会计集中核算系统与中国人民银行现代化支付系统、会计报表系统和统计信息系统等系统相连接，可快速完成数据交换，为中央银行资金清算、货币信贷、调查统计等提供数据服务，从整体上提高了中国人民银行金融服务水平。

（三）全国支票影像交换系统

全国支票影像交换系统是运用影像技术将实物支票截留，转换为支票影像信息①，通过计算机网络将支票影像信息传递至出票人开户银行提示付款的业务处理系统，是中国人民银行继大额实时支付系统、小额批量支付系统后建成的又一重要金融基础设施。全国支票影像交换系统主要处理银行业金融机构跨行和行内支票影像信息交换，其资金清算通过小额批量支付系统处理。支票影像业务的处理分为影像信息交换和业务回执处理两个阶段，即支票提出行通过影像交换系统将支票影像信息发送至提入行提示付款；提入行通过小额批量支付系统向提出行发送回执完成付款。

建设全国支票影像交换系统，实现支票全国通用，是中国人民银行适应社会经济发展需要、满足社会公众日常支付需求的重要举措。支票作为我国企事业单位使用最广泛的非现金支付工具之一，在便利商品交易、加速社会资金周转等方面一直发挥着重要作用。但长期以来，我国的支票只能在同城范围内使用，一定程度上限制了支票对经济发展的支持作用。近年来，我国部分地区以大城市为中心尝试支票跨区域应用，显示了社会经济对支票跨区域乃至全国通用的客观需求。随着计算机网络和电子通信技术的发展，支票截留，即以影像信息传递代替实物票据传递已成为支票清算的发展趋势。针对这一状况，中国人民银行立足中国实际，积极引入影像截留技术，充分利用后发优势，建设全国支票影像交换系统，实现支票全国通用。

---

① 支票影像信息包括支票影像及其电子清算信息。

2006年12月，全国支票影像交换系统在北京、天津、上海、广东、河北、深圳六省（市）试点运行，六省（市）之间企事业单位和居民个人签发的支票可以互相通用。

（四）银行业金融机构行内支付系统

银行业金融机构行内支付系统作为银行业金融机构综合业务处理系统的重要组成部分，是其内部资金往来与资金清算的渠道，是其拓展支付服务市场，提升市场竞争能力的重要设施，在支付系统中居于基础地位。2006年，银行业金融机构行内支付系统处理支付业务152 746万笔，金额2 256 402亿元，分别占支付系统业务量的40%和40.8%。

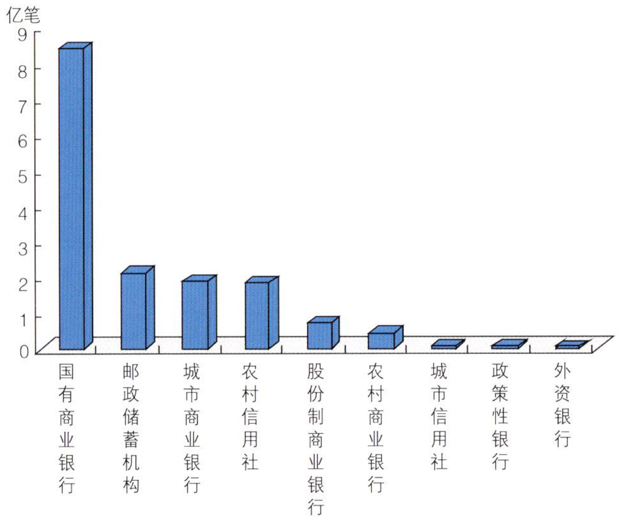

图2-5　2006年度银行业金融机构行内支付系统业务笔数分布图

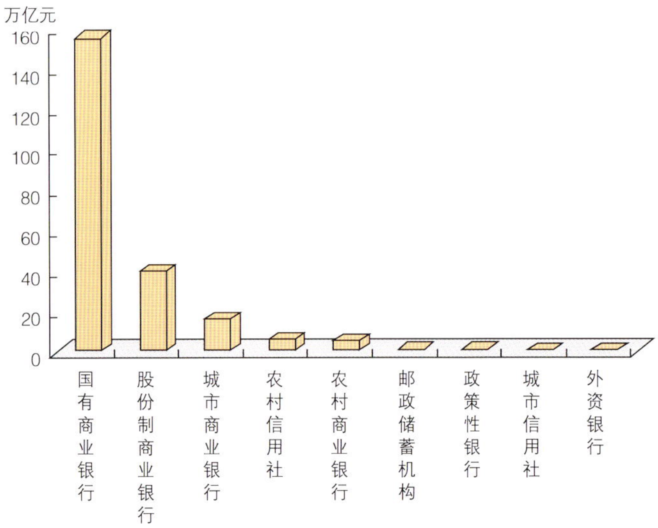

图2-6　2006年度银行业金融机构行内支付系统业务金额分布图

近年来，一些主要的银行业金融机构为实现经营集约化、数据集中化、管理扁平化和决策科学化的目标，普遍加大了对技术和资金的投入，相继建设了新一代行内支付系统，其主要特点：

体现以客户为中心的理念，满足多样性结算的需要。新一代行内支付系统体现了以客户为中心的理念，建立了以客户为导向的信息管理机制。该系统既支持全面采集、保存和使用客户的基本信息，又将客户账户支付数据与客户基本信息有机地联系起来，并对客户进行全面、透彻的分析，从而有针对性地发展客户群体、拓展业务范围，更好地满足客户多样性的结算需求。

增强数据集中功能，满足扁平化管理的需要。新一代行内支付系统通过纵向分层、横向分区的结构，实现了业务处理系统数据集中，将分散于分支机构的柜面业务系统集中到统一的数据中心，建立了统一、规范的行内支付业务应用平台，在数据流、业务流和信息流上实现高度统一，从而使全行客户资源、业务资源、信息资源、管理资源得到最优配置和最大利用，使扁平化的人员管理、业务管理、成本管理、风险管理迈上新的台阶。

强化风险管理功能，满足多重控制的需要。新一代行内支付系统均引入了参数化管理，将参数化管理贯穿于各类支付业务处理过程中，对业务流程、岗位、权限、风险环节进行设置和控制，通过参数的设置决定本行各项支付业务核算的流程、结果和资金走向。同时，结合自身业务特点，区别不同类型信息的重要程度，通过实施身份认证、建立“防火墙”、灾难备份系统等措施加强安全管理，确保信息安全。

适应本外币核算一体化趋势，满足外币资金汇划的需要。新一代行内支付系统实现了本外币资金清算和汇划功能一体化，按照统一的本外币会计核算制度，将本外币对公、储蓄、结算和境内外银行卡等业务在系统中整合，实现本外币一体化的集中核算。

（五）银行卡支付系统

银行卡支付系统由银行卡跨行支付系统及发卡银行行内银行卡支付系统组成。经过近几年的发展，中国已形成以中国银联银行卡跨行支付系统为主干，连接各发卡银行行内银行卡支付系统的银行卡支付网络架构，是银行卡支付体系的重要基础设施，实现了银行卡的联网通用，促进了银行卡的广泛应用。

银行卡跨行支付系统专门处理银行卡跨行交易信息转接和交易清算业务，由中国银联建设和运营，具有借记卡和信用卡、密码方式和签名方式共享系统资源等特点。2004年10月，中国银联建成新一代银行卡跨行支付系统，解决了过去银行卡跨行交换网络分散、整体运行效率不高、各地区执行标准各异、受理质量参差不齐等问题，适应了各银行业金融机构数据集中处理的需要，加速了银行卡全国联网通用进程，为境内外人民币银行卡跨行业务的集中、高效处理提供了技术保障。

2004 年 11 月 4 日，银行卡跨行支付系统成功接入中国人民银行大额实时支付系统，实现了银行卡跨行支付的即时清算，提高了银行卡跨行支付效率和控制资金清算风险的能力。同城和异地跨行交易成功率分别从 2004 年初的 96. 2%[①]和 93. 1% 提高到 2006 年底的 97. 7% 和 96% 。

2006 年，银行卡跨行支付系统共处理支付清算业务 166 134 万笔，金额 17 797 亿元，占支付系统业务量的 43. 5% 和 0. 3% 。银行卡跨行交易量 28. 25 亿笔，同比增长 28. 1%；清算金额 17 797 亿元，同比增长 64. 1% 。

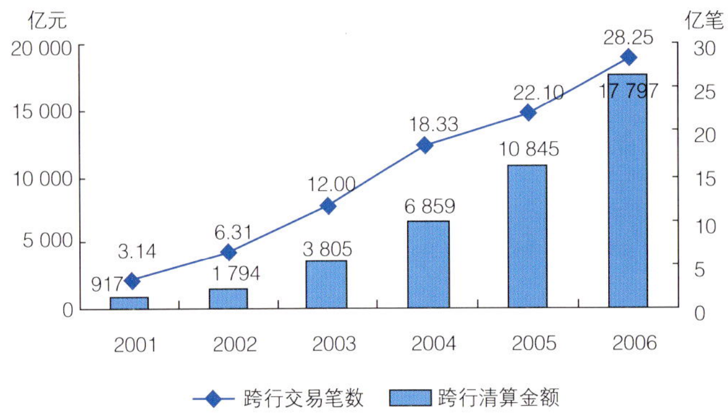

图2-7 2001~2006年度银行卡跨行交易量示意图

2006 年，人民币银行卡在实现境外受理的 24 个国家和地区的交易笔数和金额分别为 719 万笔和 255 亿元。境外交易以消费为主，POS 机消费交易额为 230 亿元，占境外总交易金额的 90. 2% 。

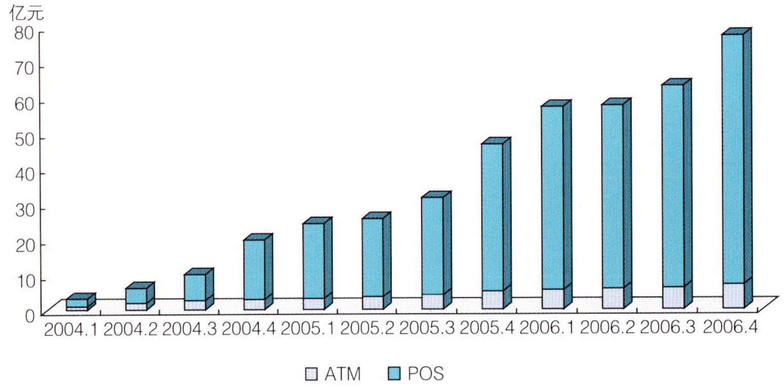

图2-8 2004~2006年度银联卡境外交易示意图

① 银行卡跨行交易数据源于中国银联股份有限公司，下同。

二、非现金支付工具广泛应用，基本满足社会经济发展多样化支付服务需求

非现金支付工具得到广泛应用，适应各类经济主体多种经济活动和居民居家服务需要的非现金支付工具体系初步形成，对减少现金流通，降低交易成本，提高支付效率，培育社会信用，促进金融创新和塑造新型支付文化等发挥了重要作用。

2006 年，全国使用非现金支付工具办理支付业务 1 291 159 万笔，金额 4 693 320 亿元。其中，票据业务 119 116 万笔，金额 2 246 786 亿元，占非现金支付工具业务量的 9. 2% 和 47. 9%；银行卡业务 1 091 531 万笔，金额 705 755 亿元，占非现金支付工具业务量的 84. 5% 和 15. 0%；汇兑、委托收款[①]等其他结算方式业务80 512万笔，金额1 740 779 亿元，占非现金支付工具业务量的 6. 3% 和 37. 1%。

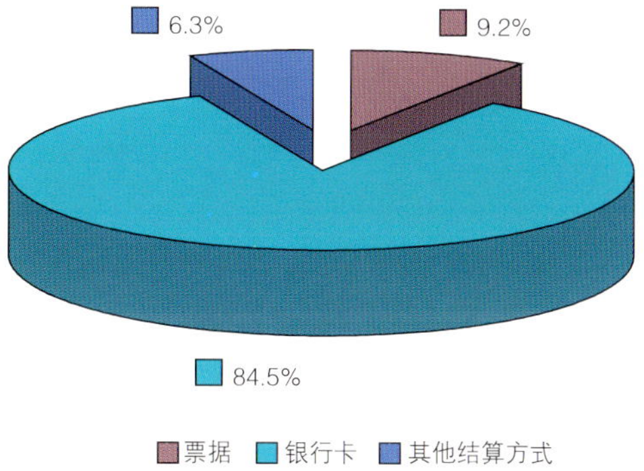

图2-9　2006年度非现金支付工具业务笔数占比示意图

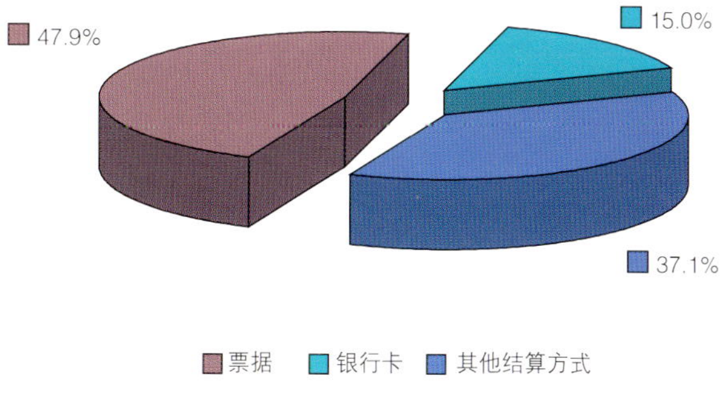

图2-10　2006年度非现金支付工具业务金额占比示意图

① 委托收款的笔数和金额包括同城特约委托收款以及以商业承兑汇票和银行承兑汇票托收的笔数和金额。

（一）票据

票据是我国企事业单位使用最广泛的非现金支付工具。目前，我国使用的票据主要有支票、银行汇票、商业汇票和银行本票。随着我国经济的持续、快速发展，票据使用和流通量稳步上升，票据业务不断创新，票据支付系统日趋完善，票据经营逐步专业化，票据在经济金融中发挥了重要作用。

从票据业务的结构看，2006 年，在票据业务中，支票 116 627 万笔，金额 2 085 024 亿元，占票据业务量的 97.9% 和 92.8 %；银行汇票 1 332 万笔，金额 53 107 亿元，占票据业务量的 1.1% 和 2.4%；商业汇票 588 万笔，金额 55 081 亿元，占票据业务量的 0.5% 和 2.5%；银行本票 565 万笔，金额 52 771 亿元，占票据业务量的 0.5% 和 2.3% 。

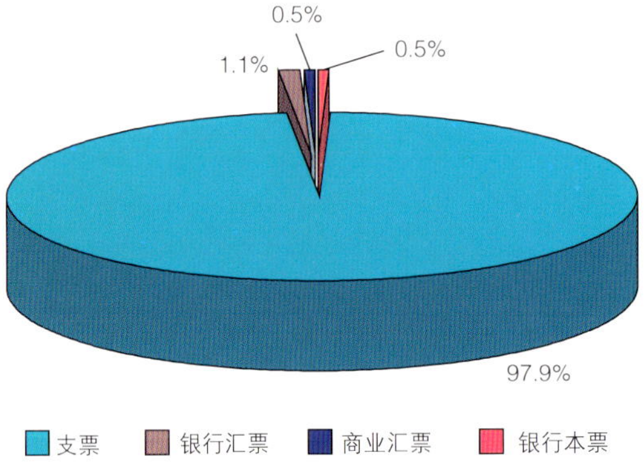

图2-11　2006年度票据业务笔数结构占比示意图

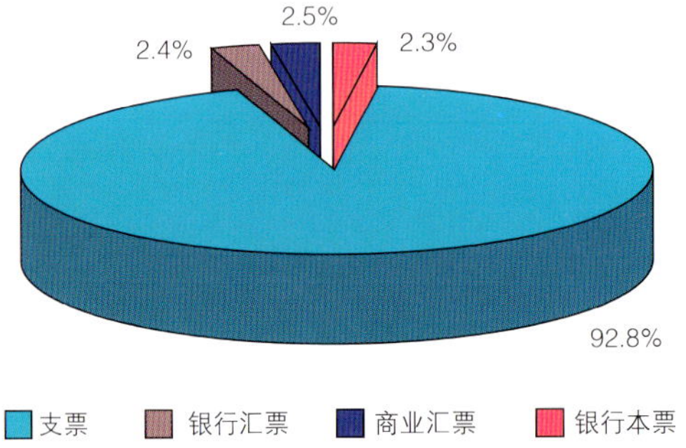

图2-12　2006年度票据业务金额结构占比示意图

票据业务制度日益完善。为规范和促进票据业务的健康发展，中国人民银行依据《票据法》、《行政许可法》、《行政处罚法》和《票据管理实施办法》等法律法规，不断建立和完善票据业务制度。一是《支付结算业务代理办法》的颁布，鼓励银行业金融机构本着平等自愿、互惠互利的合作原则，开拓和发展结算代理业务，尤其是银行汇票代理业务，畅通中小金融机构汇路，提高其竞争力。二是《中国人民银行关于完善票据业务制度有关问题的通知》的发布，规范了票据质权的行使方式，增强了票据的融资功能，促进了票据的流通。三是汇票专用章行政许可程序进一步规范，简化了审批手续，方便了银行业金融机构办理银行汇票和银行承兑汇票业务。四是《中国人民银行关于对签发空头支票行为实施行政处罚有关问题的通知》的实施，规范了空头支票行政处罚程序，加大了行政处罚力度，保护了持票人的合法权益，改善了支票信用环境，促进了支票的使用和流通。

商业汇票业务不断创新。随着我国市场经济的纵深发展，票据创新业务不断涌现。一是票据市场参与主体多元化。近年来，在国家有关政策措施的引导下，票据的推广使用范围逐步扩大，参与市场主体逐步增加，一些中小银行业金融机构、中小企业也逐步参与到票据市场中。二是票据创新品种不断推出。银行业金融机构为不同企业提供个性化的票据服务，如票据贴现买方付息业务、票据包买业务等。通过票据创新改善金融服务，提高竞争力，已成为各银行业金融机构开拓票据市场的重要手段。三是票据业务出现了集中化的特点和趋势。票据营业部和票据贴现窗口两种模式的票据经营专业化机构的出现，为繁荣票据市场发挥了积极作用。

商业承兑汇票推广力度加大。商业承兑汇票是建立在商业信用基础上的信用支付工具，具有权利义务明确、可约期付款、可转让贴现等特点。推广使用商业承兑汇票，有利于引导和鼓励商业信用的发展，维护正常顺畅的商品交易秩序，缓解中小企业融资难的矛盾，促进社会经济的发展。2006 年 11 月，中国人民银行发布《关于促进商业承兑汇票业务发展的指导意见》，旨在调动银行业金融机构和企业的积极性，建立有效推广商业承兑汇票的良性机制；充分发挥“企业信用信息基础数据库”的作用，提倡具有社会公信力的中介机构开展企业信用评级，增强企业受理商业承兑汇票的信心；做好商业承兑汇票业务风险防控工作，建立有效的违约支付惩戒机制，促进商业承兑汇票业务的健康发展。2006 年，商业承兑汇票的推广工作取得了积极进展。

（二）银行卡

银行卡是我国个人使用最为广泛的非现金支付工具，包括借记卡①、贷记卡②和准贷记卡③。银行卡的广泛应用，对于促进旅游、消费，扩大税基，提升国际形象具有重要意义。经过20多年的发展，我国已初步形成具有中国特色的银行卡支付体系，在银行卡产品、受理市场、发展模式等方面都体现出中国自己的特色。

以借记卡为主体、信用卡快速发展的银行卡产品体系基本形成。借记卡作为吸收储蓄存款的电子存折，具有申办和使用方便、手续费和年费低的特点。近年来，随着银行卡市场竞争的加剧和银行业金融机构创新意识的增强，借记卡产品功能不断拓展，应用领域不断扩大，品种不断丰富，逐渐成为银行卡的主导产品。截至2006年底，我国借记卡发卡量108 135万张，较2005年底增长17.4%，占银行卡发卡量（113 093万张）的95.6%。信用卡具有消费信贷功能，有着较大的发展空间。一些主要的银行业金融机构相继设立独立运作的信用卡④中心，加大营销力度，广泛开展个人消费信贷业务，大大推动了信用卡的发展。截至2006年底，我国信用卡的发卡量4 958万张，占银行卡发卡量的4.4%，其消费支付功能已初步显现。

银行卡受理市场快速发展。为加强银行卡受理市场的建设，扩大商户普及率，中国人民银行会同有关部门，积极推动银行卡在税款缴纳、水电气等公用事业缴费及医院、交通、学校与公众生活密切相关领域的应用，特别是在中小城市、中小商户的应用；保障银行卡支付网络安全稳定运行，提高持卡交易成功率；规范银行卡受理市场，促进受理市场的良性发展。截至2006年底，全国可以受理银行卡的特约商户有52.1万家，POS机具81.8万台⑤，ATM机10.2万台。银行卡支付功能得到有效发挥，持卡消费习惯初步形成。2006年，剔除批发性的大宗交易和房地产交易，中国银行卡支付的消费交易额占全国社会消费品零售总额的比重达到17%，同比增加了7个百分点，但仍远低于发达国家平均30%～50%的水平。同时，根据中国银行卡的发展战略，银行卡受理市场实现了“出境和下乡”。2004年人民币银行卡开始走出国门，目前已在24个国家和地区实现受理，便利了境内居民出境公务和旅游消费需要。2006年中国人民银行已在贵州、山东、

---

① 借记卡是指持卡人只能在存款额度内办理现金存取、消费的银行卡。

② 贷记卡是指发卡银行给予持卡人一定的信用额度，持卡人可在信用额度内先消费、后还款的信用卡。

③ 准贷记卡是指持卡人须先按发卡银行要求交存一定金额的备用金，当备用金账户余额不足支付时，可在发卡银行规定的信用额度内透支的信用卡。

④ 信用卡包括贷记卡和准贷记卡。

⑤ 特约商户及POS机具数量由中国银联股份有限公司提供。

福建、重庆、江苏、湖南、江西、四川、陕西、云南、河南、广西12个农民工输出大省（自治区、直辖市）组织开展了农民工银行卡特色服务，银行卡受理业务拓展到广大农村地区，发达地区打工的农民可以在家乡农村信用社用银行卡取现，大大便利了农民工异地存取款。

政府推动和市场机制相结合的银行卡发展模式得以确立。党中央、国务院对我国银行卡工作始终高度重视，十分关心和支持银行卡工作，就银行卡发展过程中的重大问题多次做出重要决定，提出明确要求，为银行卡的发展指明了方向。中国人民银行会同有关部门采取了一系列政策措施，为银行卡的发展提供了良好的政策环境，有力地推动了银行卡工作的开展。特别是中国人民银行等九部委联合发布《关于促进银行卡产业发展的若干意见》，并联合召开全国银行卡工作会议，系统地提出了银行卡发展的政策措施及工作重点，对银行卡的发展产生深远的影响。同时，银行卡的市场化程度不断提高，银行卡发卡、受理、机具布放和维护等各环节及收费定价方面都已引入市场竞争机制，对于降低交易成本、提高交易效率、改善服务质量发挥了积极作用。

专栏四

农民工银行卡特色服务

目前，全国进城务工的农民工总数超过1亿人，每年农民工向家乡的汇款额达数千亿元。但由于农村汇款体系不健全，汇款方式单一、周期长，难以满足农民工对方便、快捷、安全的资金转移服务的需求，使得许多农民工不得不携带大量现金返乡，容易产生资金安全隐患，滋生诸多社会和经济问题。为此，中国人民银行会同有关方面组织实施了农民工银行卡特色服务。

农民工银行卡特色服务是指农民工在打工地办理银行卡并存入现金，返乡后在家乡就近的农村信用社营业网点提取现金的一项专门为农民工设计的银行卡服务。为切实贯彻落实党中央、国务院关于“三农”工作和建设社会主义新农村的战略部署，2005年12月，中国人民银行在贵州省组织开展了农民工银行卡特色服务。2006年7月，中国人民银行在总结贵州试点经验的基础上，选择农民工输出量大，同时当地农村信用社综合业务系统较为完善的山东、福建、重庆、江苏、湖南、江西、四川、陕西、云南、河南、广西共11个省（自治区、直辖市）分两批推广。至2006年底，各推广地区已按计划顺利完成推广工作,参与农民工银行卡特色服务的发卡银行也从国有商业银行、股份制商业银行逐步扩展到所有的发卡机构。各推广地区陆续开通农民工银行卡特色服务后，推广工作进展顺利，交易量稳步增长，系统运行平稳，截至2006年12月31日，12个省（自治区、直辖市）累计交易总笔数35.7万笔，交易总金额达1.38亿元。

在农民工银行卡特色服务推广过程中，中国人民银行密切跟踪其业务发展情况，及时总结推广经验，并于2006年12月发布了《中国人民银行办公厅关于进一步做好农民工银行卡特色服务工作的通知》，要求各参与单位将农民工银行卡特色服务的工作重点转到提高服务质量上，努力增加业务交易量和交易金额，不断提高交易成功率。同时，为进一步体现出对农民工的优惠，自2007年2月1日起，施行新的农民工银行卡特色服务手续费标准，即对持卡人的每笔取款手续费由原来的按取款金额的1%收取降至0.8%，每笔最高收费限额由50元降至20元。

农民工银行卡特色服务充分利用遍布农村乡镇的农村信用社营业网点资源，为农民工提供异地存取款便利，有效地解决了农民工打工返乡携带大量现金的资金安全问题，使广大农民工享受到方便、快捷、安全的银行卡服务，受到广大农民工的热烈欢迎及社会各界的广泛好评，取得了良好的社会和经济效果。农民工银行卡特色服务的推广将对推进社会主义新农村建设，完善农村金融基础设施，提升农村金融服务水平发挥积极的作用。

（三）新兴电子支付工具

新兴电子支付工具是指近年来运用计算机网络和电子通信技术开发应用的电子支付方式的总称，包括网上支付、电话支付、移动支付、多用途储值卡等。目前，我国电子支付工具发展迅速，新兴的电子支付工具不断出现，电子支付交易量不断增加，适应了电子商务的发展和支付服务市场细分的需求，逐步成为中国零售支付体系的重要组成部分。

按照“规范与发展并重、安全和效率并重”的原则，中国人民银行逐步建立健全监督管理机制，促进电子支付健康发展。一是加强对新兴电子支付服务商的管理，将网上支付服务商纳入支付清算组织管理。二是建立和完善电子支付业务规则。考虑到电子支付在我国是新兴的支付工具，为给电子支付的发展创造宽松的制度环境，中国人民银行通过“指引”这种规范性文件的方式引导和规范电子支付行为。2005年10月以中国人民银行公告形式发布了《电子支付指引（第一号）》，旨在规范银行机构和客户之间在电子支付业务中的权利义务关系，为中国人民银行对电子支付业务的监管提供了良好的开端。三是推动电子支付业务基础设施建设。完善处理电子支付业务的相关系统，提高电子支付业务的处理效率。加快社会信用体系的建设，优化电子支付发展的信用环境。研究防范电子支付用于赌博、洗钱等违法犯罪活动的问题，切断非法活动的资金流，维护正常的经济金融秩序。

三、支付服务组织多元化发展，支付服务市场化格局基本形成

随着市场经济的发展，技术的进步和分工的细化，以中国人民银行为核心，银行业金融机构为主体，支付清算组织为补充的支付服务组织体系基本形成，并呈现出支付服务主体多元化、支付服务市场化的发展趋势。

（一）中国人民银行

中国人民银行为银行业金融机构直接提供资金清算和结算服务，从这个角度来看，中国人民银行也是支付服务组织。但中国人民银行同时也是中国支付体系建设的组织者、推动者和监管者，影响支付服务市场的发展方向和整个社会的金融服务水平，具有管理和服务的双重职能。一方面，中国人民银行是银行业金融机构间资金清算及最终结算服务的提供者。中国人民银行通过其建设和运营的大额实时支付系统、小额批量支付系统和票据支付系统向银行业金融机构提供跨行资金清算服务，并通过中央银行会计集中核算系统完成银行业金融机构存款准备金账户的资金结算。另一方面，中国人民银行是支付体系的监管者，负有维护支付体系安全高效运行的重要职责。中国人民银行综合运用经济、法律和行政手段对支付服务组织及其支付业务活动实施监督管理，以维护支付结算秩序，促进公平竞争，防范和化解支付风险。

截至 2006 年底，中国人民银行共有分支机构 2 118 家，其中上海总部 1 家，分行 8 家、营业管理部 2 家，分行营业管理部 6 家，省会城市中心支行 20 家、副省级城市中心支行 5 家，地（市）中心支行 308 家、县（市）支行 1 768 家。

（二）银行业金融机构

银行业金融机构是支付服务组织的主体，通过账户服务、中介服务以及依靠遍布城

乡的服务网点，直接面向企事业单位、个人及其他经济主体提供各类支付服务，成为连接企事业单位、个人及其他经济主体经济活动与资金运动的纽带。银行业金融机构是指在中华人民共和国境内设立的商业银行、城市信用合作社、农村信用合作社等吸收公众存款的金融机构以及政策性银行。截至2006年底，中国有银行业金融机构法人机构19 667家，机构网点183 734个[①]。

为适应市场经济的发展，提升市场竞争能力，银行业金融机构转变经营理念，大力发展以客户为中心的支付服务，提高服务质量。主要呈现以下特点：

服务领域广泛。银行业金融机构服务对象涉及国民经济各部门、各行业、各类经济主体的各种经济活动。

业务种类多样。除为客户办理传统的支票、汇票、本票、银行卡及汇兑等支付业务外，银行业金融机构立足于客户个性化的支付需求，发挥各自优势，加快支付业务创新，实现基础服务向增值服务的转变。主要表现在：密切银企关系，向大中型企业集团提供现金管理服务，支持企业集团加强财务管理，降低交易成本。开展银政合作，办理银财通、银税通、银关通等业务，代理财政资金支付与清算业务，提供便捷的税费缴纳。加强同业合作，优势互补，开办多种代理业务。密切证券公司、期货公司、保险公司及基金公司与其客户的联系，提供银证转账、银期通、银保通、银基通等业务。拓展个人金融业务，为社会公众提供通存通兑、工资发放、税费代缴、投资理财等业务。

服务方式个性化。银行业金融机构广泛运用计算机网络和电子通信技术，利用先进的行内支付系统，把握市场机遇和客户需求，大力发展支付业务。支付业务种类由传统的票据、汇兑、委托收款扩展到网上支付、电话支付、移动支付等。支付服务的渠道和方式由传统的柜台扩展到自动柜员机、网上银行、多媒体终端等，延伸了客户服务的时间和空间。支付业务范围由传统的简单资金汇划，扩展到现金管理产品、投资理财产品等；资金清算和结算时间由过去几天甚至十几天发展到现在的实时到账。

（三）支付清算组织

计算机网络、电子通信技术的应用带动了电子支付工具的创新和发展，突破了支付服务主体由银行业金融机构垄断的格局，我国支付服务市场出现了从事支付清算服务的专业机构，为社会公众提供便利的支付清算服务，并逐渐成为我国支付服务市场的有效补充力量。这类非金融机构性质的组织对调整支付服务市场结构，增强市场竞争，优化

① 数据由中国银行业监督管理委员会提供。

资源配置，提高支付服务质量发挥了一定作用。

目前，这类机构的发展主要呈现以下特点：一是服务领域比较广泛，涉及通过票据、银行卡、电子支付等多种支付工具处理的支付业务。二是服务对象的数量逐年上升，业务量增长迅速。三是业务运作模式多样化。既有支付清算服务专营机构，也有跨行业提供支付清算服务的混业经营机构；既有接受服务对象交易备付金的服务模式，也有纯粹提供交易信息处理的服务模式；既有同城范围内提供服务的模式，也有跨区域甚至在全国范围内提供服务的模式等。

为促进支付服务市场的多元化发展与可持续发展，规范与促进支付清算服务的发展与创新，降低支付体系发展过程中的风险隐患，维护社会公众的合法权益，中国人民银行对提供支付清算服务的组织给予高度重视，正在研究拟订《支付清算组织管理办法》，明确非金融机构在中国境内提供支付清算服务是一项经中国人民银行批准进行的特许经营行为。只有依法取得支付清算业务许可证的非金融企业法人，才能够被依法认定为支付清算组织，在中国境内作为独立的服务中介机构提供支付清算服务。

中国人民银行将遵循规范发展与促进创新的原则，引导支付清算组织按照市场化发展规律规范发展，并鼓励其不断提高服务创新水平，不断推动我国支付服务的市场化发展进程。

四、支付体系监管体制基本确立，支付风险监督管理加强

近年来，中国人民银行依法调整定位，更新监管理念，明确监管目标，创新监管手段，健全工作机制，支付体系监督管理体制基本确立。

（一）建立健全支付法律、法规和规章制度体系

法律、法规和规章制度是支付体系监督管理的基本准则。经过多年的建设，中国的支付结算法律法规和规章制度体系已基本形成。相关的法律包括《中国人民银行法》、《商业银行法》、《票据法》、《电子签名法》等；相关的法规有《票据管理实施办法》、《现金管理条例》、《储蓄管理条例》、《个人存款账户实名制规定》、《金融违法行为处罚办法》等；相关的规章有《支付结算办法》、《银行卡业务管理办法》、《人民币银行结算账户管理办法》、《大额支付系统业务处理办法》、《小额支付系统业务处理办法》、《电子

支付指引（第一号）》等。这些法律、法规和规章制度有效地规范了支付业务参与各方的行为，维护了各参与方的合法权益，成为中国支付体系监督管理的准则。

（二）确立“安全和高效”并重的支付体系监督管理目标

安全、高效的支付体系对于货币有效发挥其支付手段职能和保证金融市场的顺畅运行至关重要。“安全与效率”也是世界各国中央银行对支付体系建设和运行所追求的目标。只有安全、高效的支付机制才能保证社会公众对货币转移机制的信心。中国人民银行在推进我国支付体系建设的进程中，始终把安全和效率放在同等重要的位置，坚持在确保支付体系安全稳定运行的同时，提高支付体系运行的效率，充分发挥支付体系对经济金融运行的促进作用。

（三）明确支付体系监督管理的内涵

支付体系的安全高效运行涉及支付系统、支付工具、支付服务组织等多个层面，内容涵盖支付体系运行中的各个环节。支付工具用于发起支付指令，是支付过程的起点；支付系统负责传送支付信息流和资金流，承担清算职能；支付服务组织在债权人和债务人之间充当中介，实现付款人账户资金向收款人账户资金的转移。由此，对支付体系的监督管理应当包括支付系统等基础设施的稳定运行、非现金支付工具的安全使用、支付服务市场和支付服务组织的规范运作。

（四）加大支付体系监督管理的力度

采取有效措施，保障支付系统稳定运行，防范结算风险、运行风险和系统性风险。设计良好且管理精良的核心支付系统有助于化解金融危机，维护金融稳定。在大额实时支付系统、小额批量支付系统、中央银行会计集中核算系统等建成运行后，中国人民银行相继采取了一系列配套措施，包括引入自动质押融资机制，建立灾难备份机制，制定并实施应对突发事件的机制，对系统参与者行为加以约束。2005 年，中国人民银行设立 32 个清算分中心，负责中国现代化支付系统城市处理中心的日常运行和维护，确保中国人民银行现代化支付系统的稳定运行。2006 年，中国人民银行开始建设支付管理信息系统，旨在加强对中国人民银行现代化支付系统流动性风险、信用风险和运行风险的监测。此外，中国人民银行借鉴国际先进经验，参照《重要支付系统核心原则》，完成了对重要支付系统的风险评估。

专栏五

重要支付系统核心原则

支付系统是银行间资金转移的通道，健全的支付系统是保持和促进金融稳定的必要条件。如果某个系统性重要的支付系统（以下简称重要支付系统）没有充分防范风险，则这种风险可能进一步在系统范围内的参与者之间传播，甚至会传播到更加广泛的金融领域。如何有效评估和防范支付系统的风险，尤其是重要支付系统的风险，已成为各国中央银行关注的重要问题。为了指导各国支付系统的设计和运行，降低并消除重要支付系统风险，十国集团中央银行支付结算体系委员会（CPSS）于2001年1月出版了《重要支付系统核心原则》（以下简称《核心原则》）。《核心原则》明确规定了重要支付系统应遵循的十项原则以及中央银行在应用核心原则时承担的责任。

《核心原则》包括：（1）在所有相关的司法辖区，支付系统应当具备稳健的法律基础；（2）支付系统的制度办法应当使参与者能够清楚地认识到，系统对其参与过程中承受的各种金融风险有什么影响；（3）支付系统应当清楚地说明信用风险和流动性风险的管理办法，要特别说明系统运营者与参与者各自的责任，并且适当鼓励管理和遏制这些风险；（4）支付系统最好在生效日当天或者至少在生效日日终，提供及时的最终结算；（5）采取多边轧差的支付系统，如果单个结算债务最大的参与者发生不能结清的情况，应当至少保证能够及时完成当日结算；（6）用于结算的资产最好是对中央银行的债权，如果采用其他资产，它们应当只有少许或者没有信用风险和流动性风险；（7）支付系统应当保证高度的安全性和运行可靠性，而且应当具备及时完成当日处理的应急安排；（8）支付系统应当提供对用户实用并且经济有效的支付方式；（9）支付系统应当具备客观的参与标准，并且公开披露参与标准，允许公平、公开地加入系统；（10）支付系统的管理安排应当是有效的、负责任的和透明的。其中核心原则（4）和（5）是重要支付系统应达到的最低标准。

中央银行在应用《核心原则》时肩负着重大责任。一是明确支付体系目标，公开披露有关重要支付系统的职责和主要政策；二是要保证运营的支付系统符合《核心原则》；三是同时要监督其他支付系统遵守《核心原则》的情况，并且具备实施这种监督的能力；四是在以《核心原则》提高支付体系的安全与效率时，应当与其他中央银行及所有相关的国内外当局进行合作。

《核心原则》作为支付体系发展中的一个国际通用标准，目前已为许多国家所采用，指导其支付体系风险防范与化解工作。近年来，中国人民银行也在不断探索，充分吸收《核心原则》的重要理念，研究制定中国支付系统监管的标准，在现有的法律框架内，根据中国支付系统的架构和运行特征，构建完善的支付系统监督管理体系及实施机制，有效实施支付系统监管，促进金融稳定，维护金融安全。

加强银行结算账户管理，从源头上规范支付行为。银行结算账户记录单位或个人银行存款及其增减变化情况，是所有非现金支付工具运用的依托和实现存款与现金之间转换的媒介，是存款人办理存贷款和资金收付活动的基础，是社会资金运动的起点和终点。加强银行结算账户管理，对于从源头上加强现金管理，规范支付行为，整饬社会信用，防范利用多头或虚假开户逃税、逃债和逃贷，遏制洗钱、腐败、金融诈骗等违法犯罪行为具有十分重要的作用。同时，加强银行结算账户管理也有利于营造公平支付服务环境，支持各类经济主体正常办理资金转账结算，有效开展经济活动，以适应社会主义市场经济的发展。为此，中国人民银行制定了《人民币银行结算账户管理办法》、《人民币银行结算账户管理办法实施细则》、《关于规范人民币银行结算账户管理有关事项的通知》等一系列规章制度，规范了银行结算账户的开立和使用。

为支撑《人民币银行结算账户管理办法》等规章制度的有效实施，切实落实银行账户实名制，中国人民银行组织建设了人民币银行结算账户管理系统，并于2005年6月底完成在全国的推广应用。与此同时，中国人民银行在全国范围内组织了对系统运行前开立的单位银行结算账户的集中清理核实。截至2005年12月31日，全国共清理核实单位银行结算账户1 708万户，其中撤销不合规账户642万户。通过银行结算账户的清理核实，纠正了违规开户、随意开户等做法，确保了存款人开立银行结算账户信息的完整性、合规性和基本存款账户的唯一性。

人民币银行结算账户管理系统的建设运行和银行结算账户清理核实工作的开展，有力地促进了银行结算账户管理各项制度的贯彻落实，整顿了经济金融秩序，推动了社会征信体系的建设，改善了金融生态环境，将我国的银行结算账户管理提高到一个新的水平。

专栏六

人民币银行结算账户管理系统

人民币银行结算账户管理系统（以下简称“账户管理系统”）是依据《人民币银行结算账户管理办法》（以下简称《办法》）等银行结算账户管理制度开发建设，运用现代化技术手段对银行结算账户的开立和使用进行规范的管理信息系统，是银行结算账户管理制度有效实施的重要支撑，是中国人民银行实现银行结算账户非现场管理的重要手段。

2005年1月，账户管理系统在江苏省推广运行试点成功，标志着账户管理系统建设取得重大进展。2005年6月，经过中国人民银行各分支行、银行业金融机构以及其他有关部门和单位的共同努力，账户管理系统在全国顺利推广应用。目前，账户管理系统运行稳定，银行结算账户业务处理正常。截至2006年底，各类银行结算账户共计199 134万户，其中单位银行结算账户1 533万户，个人银行结算账户197 601万户。单位银行结算账户中，基本存款账户占57.9%，在单位银行结算账户中居于主导地位。

账户管理系统设立总行数据处理中心和省级数据处理中心。中国人民银行总行建立总行数据处理中心，对全国银行结算账户业务办理情况进行监督管理，具有查询、统计等功能。中国人民银行上海总部，各分行、营业管理部、省会（首府）城市中心支行，深圳市中心支行建立省级数据处理中心，集中存贮辖内所有存款人的开户资料信息和账户信息，具有审核、存贮、控制、查询、统计、监测、系统管理等功能。中国人民银行各分支机构和各银行业金融机构按照规定的权限通过账户管理系统办理相关的银行结算账户业务。其中，核准类银行结算账户（包括基本存款账户、临时存款账户、预算单位专用存款账户、QFII专用存款账户）的开立、变更和撤销由中国人民银行分支机构通过账户管理系统进行核准；备案类银行结算账户（一般存款账户、非预算单位开立的专用存款账户和个人银行结算账户）开立、变更和撤销由中国人民银行分支机构或银行机构通过账户管理系统进行备案。

账户管理系统严格按照《办法》的要求进行设计，充分体现以基本存款账户为龙头管理银行结算账户的思路，通过设置审核、控制、查询、监测等功能，对各类银行结算账户的开立和使用实行有效的监控，掌握存款人开户资料信息和账户信息，确保存款人开立银行结算账户信息的完整性、合规性和存款人开立基本存款账户的唯一性。账户管理系统通过与支付管理信息系统、票据支付系统等相关系统的账户信息比对，监测未经中国人民银行核准或未向中国人民银行备案的银行结算账户。同时，中国人民银行将依法从质（技）监、公安等部门获取相关信息，通过账户管理系统采集信息或在线查询的方式实现对存款人相关信息真实性的验证，促进账户实名制的落实。此外，账户管理系统还将对存贮的各种信息进行综合分析，为支付结算日常监督管理提供依据。在相应的法律环境下，中国人民银行通过依法移送银行结算账户数据或依法提供协助查询等方式，将账户管理系统存贮的信息应用于社会征信、反洗钱、司法监察等领域。

为进一步完善账户管理系统的各项功能，优化账户管理系统性能，加强银行结算账户管理，目前中国人民银行正在现行账户管理系统的基础上，开发建设账户管理系统（二期）。

加强了对票据、银行卡及其他非现金支付工具的监管。票据、银行卡及其他非现金支付工具得到广泛应用的同时，相关领域的违法违规活动也呈现上升势头，损害了有关当事人的合法权益，影响了社会公众使用非现金支付工具的信心。

中国人民银行高度重视非现金支付工具安全管理工作，采取了一系列措施强化风险管理。建立健全相关法律法规制度，完善打击利用非现金支付工具从事相关违法犯罪活动的政策环境；督促银行业金融机构提高票据、银行卡业务处理的技术手段，强化内控管理，规范票据、银行卡的业务处理流程，推动建立健全银行业金融机构风险信息共享交流机制，防范同类风险在银行业金融机构间传递，防范欺诈、操作等风险；高度关注可能危及社会公众安全使用非现金支付工具的事件，及时对相关风险事件预警，并加强防范和处理；积极建立与银监会、公安部等相关部门在票据、银行卡风险管理、打击犯罪等方面的协同工作机制，发挥政府部门的合力优势，打击票据、银行卡方面的犯罪活动。同时，加大宣传力度，培育社会公众的风险防范意识。上述措施对于促进非现金支付工具体系健康有序发展、增强社会公众使用非现金支付工具的信心、维护正常的经济金融秩序发挥了积极作用。

（五）提高银行业金融机构支付风险防范能力

近年来，银行业金融机构在开拓支付服务市场，大力创新支付结算业务，为客户提供优质支付结算服务的同时，积极采取措施，强化风险监督管理，逐步建立起风险识别、计量、监测、控制、处置及补偿等风险管理机制。

强化支付业务基础管理。银行业金融机构进一步完善支付业务规章制度，特别是结合创新支付业务的特点，研究制定详细的规章制度，明确当事人的权利义务，规范支付行为，防范支付风险。

以风险控制为主线，整合业务处理流程。银行业金融机构从各项业务操作、核算管理、事后监督管理等方面，强化事前、事中和事后业务审核监督，规避支付风险。

建立健全内控机制。银行业金融机构积极开展行内支付结算业务风险情况调查，明确风险防范重要环节，加强风险控制，建立违规问责制度与管理责任追究制度，不断完善风险管理程序和手段。

确保行内支付系统安全稳定运行。数据的集中也带来风险的集中。银行业金融机构在行内支付系统的设计、开发及运用过程中，通过设置多重“防火墙”、双备份、加密传输、数据备份等多种手段，防范技术风险。同时，加强系统运行管理，建立科学合理的运行维护机制，制定应急处理措施，提高风险防范能力。

第三部分

中国支付体系发展展望

- 中国支付体系发展面临的形势和挑战
- 中国支付体系发展的总体目标
- 今后一个时期中国支付体系建设的主要任务
- 2007 年中国支付体系发展预期

一、中国支付体系发展面临的形势和挑战

（一）国民经济的发展，对支付体系发展提出了更高的要求

近年来，我国国民经济保持了持续快速发展势头，城乡居民收入稳步提高，进出口贸易持续增长，劳动力、资本等生产要素流动的频率加快、范围进一步加大。经济结构战略性调整取得重要进展，能源、交通、重要原材料等基础产业和基础设施建设明显加快，高新技术产业得到较大发展。改革不断深化，特别是在一些重要领域和关键环节的体制改革有了重大突破，社会主义市场经济体制逐步完善。经济的发展引起经济交易的增加，从而对支付工具应用、支付系统运行、支付服务提供等提出了新的要求，并推动支付业务创新，给支付体系发展带来重大影响。随着经济结构的调整，经济主体趋于多元化，支付需求呈现个性化和多样化，促使支付体系向多层次方向发展。经济效率的提高，对支付效率提出相应的要求，这种内在的动力推动支付体系的发展。

（二）科学技术的进步，为支付服务创新提供了新的手段

目前，许多先进技术在支付领域得到广泛应用，特别是计算机网络和电子通信技术的发展，带来了支付业务流程的再造和变革以及支付工具的创新。例如，计算能力的提高增加了支付系统清算算法的复杂度并加快了运行速度，可在业务连续基础上采用抵消与轧差的方法，大大增强了系统的流动性管理功能，清算效率大幅度提高；与此同时，支付系统参与者能够获得关于清算过程的大量在线信息，便于中央银行和参与者更好地管理和监测风险等。网络技术的不断发展，催生了第三方服务机构，出现了新的支付清算服务组织。未来一段时期内，科技在金融领域的广泛应用将进一步推动支付清算服务的专业化，支付服务市场细分的趋势也更加明显，这无疑对满足多样化的支付服务需求发挥了积极的作用。

（三）社会环境的变化，影响了社会公众的支付需求

一是社会信用环境不断改善。市场经济的发展促进了社会信用水平的提高，以诚信为本、操守为重的良好风尚正在形成，个人信用意识进一步增强，失信惩戒机制初步建立，尤其是中国人民银行征信系统的建设和完善，促进了社会信用体系的规范化、法制

化，从而为非现金支付工具特别是信用型支付工具的使用创造了条件。二是居民消费观念发生了较大转变。由于人们生活水平的提高，消费观念和消费行为逐步成熟，理性消费占据主导，个性消费盛行，信贷消费逐步兴起，产生了对个性化支付工具使用的新需求。三是人们现金支付偏好发生改变。随着社会对持卡消费、转账支付习惯的培育，人们长期以来形成的现金偏好正逐渐被改变，直接影响到支付工具应用结构的变化。

（四）金融业的改革与发展，促进了支付服务市场的竞争与发展

以国有商业银行改革为重点的银行业改革为金融体系带来新的生机和活力，银行治理结构改善，财务状况好转，资本实力和资产质量提高，内部控制加强，必然会加快其技术创新，提高其竞争优势。银行业综合经营试点的稳步推进，在为中国金融业的发展带来动力和活力的同时，也对现行支付体系法律框架、支付系统设计和结算安排等方面产生一定影响，增加了整个支付体系的复杂性。更加开放的市场将会带来越来越多的内外资金融机构和支付清算组织的竞争，支付业务已成为内外资机构争夺的重点领域。金融市场的改革力度加大，市场产品创新加快，国内外金融市场的联系更为紧密，全球金融市场呈现出融合发展的趋势。这必然会带动支付服务市场的竞争与发展，为金融创新和金融一体化提供支持。

（五）对外经贸往来的不断加强，要求构建更加开放的支付体系

随着经济全球化的发展，对外经贸往来不断加强，国内外金融市场进一步融合，带动了跨境支付需求的日益增长。传统的为境内企业和居民提供支付服务的封闭式支付体系已不能适应更加开放的经济需要。一国支付系统参与者范围日益扩大。借鉴国际先进经验，构建更高层次上的、安全高效的、灵活开放的支付体系，同时加强与我国港澳台地区在支付领域的合作，规范中国与周边国家和地区之间边贸支付结算方式和流程，建立中国人民银行与各有关国家和地区中央银行的支付体系监管协调机制，防范跨境支付风险，是今后一个时期中国支付体系建设的重要任务。

此外，我们还应看到区域经济发展的不平衡，地区差距和城乡差距较大，导致了支付体系的区域差异比较明显。银行业金融机构间的支付服务水平差异较大，特别是中小金融机构的支付服务能力亟待加强。支付系统基础设施及配套设施建设特别是农村地区相对比较落后。非现金支付工具与现金相比所占比例不高，其发展状况也不平衡，中小城市消费者习惯现金支付，非现金支付工具使用率不高。以银行卡为例，中国银行卡发卡量虽接近人均1张，但绝大多数持卡人集中在大城市，中小城市持卡消费习惯尚未形

成。支付结算法规制度亟待进一步完善，支付结算监督管理还有待于进一步加强，防范支付体系风险的任务依然艰巨。

二、中国支付体系发展的总体目标

构建安全高效的中国现代化支付体系，应当立足于促进经济持续增长、有效传导货币政策和维护金融稳定的大局，统筹兼顾，突出重点，开拓创新，充分运用现代科学技术特别是计算机网络和电子通信技术，吸收和借鉴国际支付体系发展的最新成果，不断拓展支付服务领域，提高支付效率和质量，满足社会多样化的支付服务需求，维护支付体系的稳定与安全，保障社会公众对货币转移机制的信心。

今后一个时期，中国支付体系发展的总体目标是：

完善以中国人民银行现代化支付系统为核心，银行业金融机构行内支付系统为基础，票据支付系统、银行卡支付系统、境内银行间外币支付系统等为重要组成部分的支付清算网络体系。丰富和完善以电子支付工具为发展方向，适应各类经济主体多种经济活动和居民居家服务需要的非现金支付工具体系。健全以中国人民银行为核心，银行业金融机构为主体，支付清算组织为补充的支付服务组织体系。建立健全有利于促进支付创新和防范支付风险的科学高效的支付监督管理体系。

三、今后一个时期中国支付体系建设的主要任务

（一）启动第二代现代化支付系统的建设

中国人民银行现代化支付系统是我国经济金融运行的核心基础设施。为适应经济金融发展的需要，解决目前第一代支付系统中存在的一些问题，中国人民银行将启动第二代现代化支付系统的建设，推动支付清算服务专业化和管理集中化进程，进一步提高银行业金融机构的整体服务水平。第二代现代化支付系统的主要特点：

支持一点接入。第二代现代化支付系统可以支持各银行业金融机构的一点式集中接入，能够有效地解决目前各省会城市分散接入模式中存在的问题，适应银行业金融机构数据集中的发展趋势，提高支付系统的整体效率。

实现有机连接。第二代现代化支付系统与中央银行会计核算数据集中系统的有机连接，可以满足中央银行会计核算数据集中系统和第二代现代化支付系统不同的业务要求，方便清算账户的灵活处理和及时记账，提高中央银行金融服务水平。

便于流动性管理。第二代现代化支付系统将支持银行业金融机构采用单一法人清算账户或多个清算账户进行清算，实现法人与其分支机构清算账户资金的灵活调剂，并为银行业金融机构提供快捷的账户查询功能，方便法人机构及时了解和掌握总部和分支机构清算账户的资金变动情况，提高其资金流动性管理能力。

提高拓展能力和处理效率。第二代现代化支付系统具有系统接口灵活化、升级便利化和界面通用化的特点。系统数据的高度集中，将优化支付系统处理流程，提高业务处理效率。

确保系统的稳定性和可靠性。第二代现代化支付系统通过建立具有快速的生产恢复能力、业务切换能力和数据查找功能的灾难备份系统，保障支付清算业务的连续性，提高系统应对各种突发事件的能力，切实防范系统性风险。

（二）建设中央银行会计核算数据集中系统

为适应核算型会计向管理型会计转变的发展趋势，满足中央银行在履行职责方面对会计管理、会计服务、会计信息和风险控制的要求，中国人民银行将建设中央银行会计核算数据集中系统。该系统的主要特点是：

数据集中化。数据集中是前提条件。系统除能够满足各类会计报表的生成外，还要建立面向管理决策层的数据仓库，实施数据挖掘，实现信息共享。

流程科学化。在账务处理集中、账户摆放集中的前提下，科学设计简便、快捷、高效的业务处理流程，优化、灵活地进行劳动组合，以适应业务领域的拓展和中国人民银行内部机构组织的变化。

管理信息化。强化业务处理过程中的在线监测、预警和控制。从会计处理的角度，运用信息化手段，通过设置各种参数，对不同机构设置不同的权限，自动进行各种管理指令和作业要求，实现总行对各级分支机构的控制和量化管理，实现业务政策规定和管理措施的程序化。从收集处理信息的角度，将业务信息化升华为管理信息化，通过信息编码的方式，使信息的采集实时、准确、全面，从根本上解决决策信息获取滞后、信息不对称的问题。

服务多样化。集中提高了客户资金的运用效率，缩短了资金在途时间；与中国人民银行现代化支付系统的有机整合，可以实现各区域依据当地的营业时间提供服务；既支持银行业金融机构一点清算模式，也支持多点清算模式；既支持银行业金融机构通过支付系统办理跨行业务，也支持通过中国人民银行柜台办理业务。

监督一体化。对会计风险的控制贯穿于会计核算的每一操作中。事前审批、事中控制、事后监督作为会计监督的各个环节，利用影像信息和会计核算档案数据库，采用认证、预警和控制等方式与核算流程紧密结合。

中央银行会计核算数据集中系统与中国人民银行第二代现代化支付系统、货币发行信息管理系统、货币信贷管理信息系统、财务管理信息系统等连接，为中国人民银行综合业务系统的建设奠定基础，成为管理型会计核算信息系统。

（三）建设境内银行间外币支付系统

建立境内银行间外币支付系统是对我国现有分散化外币支付系统的进一步完善，将对境内金融市场、银行外币资金管理以及跨行外币支付发挥重要作用。为有效保障境内外汇市场交易、银行间跨行外币支付等各类交易结算的效率与安全，降低外币结算风险，进一步提高金融服务水平，中国人民银行在前期广泛深入调查研究的基础上，结合我国国情，将建设境内银行间外币支付系统，进一步完善我国金融基础设施，满足银行和我国金融市场发展的客观需求。

（四）继续完善银行业金融机构行内支付系统

随着金融业改革的深化和市场竞争的加剧，银行业金融机构行内支付系统的建设应重点着眼于三个方面：一是以客户为中心，实现数据的高度集中；二是系统连接各业务处理子系统，促进产品创新和支付结算等中间业务的发展；三是深度的数据挖掘功能，为银行的业务经营管理和加强风险防范提供服务。顺应这一趋势，银行业金融机构需要继续改进和完善行内支付系统，建立有效的内部控制和支付风险控制机制，提高对行内支付系统的管理水平，确保系统安全稳定运行，提高自身的核心竞争力。同时，依据《中国人民银行法》赋予的“维护支付、清算系统正常运行”的职责，中国人民银行将参照国际清算银行《重要支付系统核心原则》的要求，加强对银行业金融机构行内支付系统的监督管理。中央银行要通过完善法规制度建设、加强支付系统规划、制定清算规则和政策，推动银行业金融机构加强和完善行内基础设施建设，尤其要推进中小金融机构和农村信用社业务处理的电子化建设步伐，指导和监督银行业金融机构加强支付清算系统的信用风险、流动性风险和操作风险管理，建章立制，切实防范系统性风险，确保支付系统安全、高效、稳定运行。

（五）促进票据业务的不断发展

近年来，我国票据业务发展很快，但票据结构不合理，票据处理方式落后、安全性不高、使用范围受限等问题制约了票据功能的有效发挥。因此，需要采取有力措施促进票据的规范化发展。一是扩大支票使用范围，通过全国支票影像交换系统的建立，实现支票在全国范围内的流通，提高支票清算效率，使其成为以商业信用为依托的即期支付工具。二是要加大票据业务技术创新力度，充分利用计算机网络和电子通信技术，推动银行汇票、银行本票安全机制、资金清算方式和利益分配机制的变革，解决制约银行汇票、银行本票发展的瓶颈，使其成为以银行信用为依托的即期支付工具。三是增加商业票据的种类，促进商业信用的发展，使商业票据成为以商业信用为依托、兼具支付和融资功能的远期支付信用工具。四是进一步完善商业票据发行和交易方式，研究推行电子票据，实现票据签发、交易和清算的无纸化。五是培育票据经营专业化机构，规范和促进票据市场发展。

（六）大力发展银行卡

中国人民银行将充分发挥组织、管理和协调作用，发挥地方政府、银行业金融机构、中国银联和广大商户的积极作用，不断加大银行卡工作的力度，推进银行卡业务健康快速发展，为广大持卡人提供更好的服务。主要工作包括：

围绕加强受理市场建设这一中心工作，努力改善受理环境，扩大受理范围，加快中小城市、经济活跃的县城集镇的特约商户的发展，促进银行卡在税款缴纳、公用事业缴费以及医院、交通等与公众生活密切相关领域的应用。通过上述政策措施，力争到2008年，年营业额在100万元以上的商户受理银行卡的比例达到60%以上，年营业额在100万元以下的商户受理银行卡的比例达到25%以上；全国大中城市持卡消费额占社会消费品零售总额比例达到30%左右，重点商务区和商业街区、星级饭店、重点旅游景区要全部可以受理银行卡；全国中小城市持卡消费额占社会消费品零售总额比例达到10%以上。

进一步做好银行卡联网通用工作，充分发挥中国银联在联网通用中的作用，巩固和提高联网通用成果，全面推进银行卡业务规范和技术标准的统一，重点改善宾馆、酒店类商户的银行卡受理环境。切实加强奥运城市用卡环境建设，完善金融服务配套设施。

规范银行卡受理市场管理，营造公平竞争的市场环境。在实施财政国库管理制度改革的中央预算单位和地方预算单位加快推广使用公务卡。有序推动银行IC卡多功能的应用。规范人民币银行卡的发行和受理，促进银联卡境外受理。加强银行卡风险管理，完善业务管理制度和技术手段，创造安全的用卡环境。健全银行卡法律制度，推动《银行卡条例》的出台和组织实施工作，研究出台有关税收激励政策，加强银行卡宣传，为银行卡业务发展创造良好的外部环境。

（七）鼓励电子支付业务创新和发展

出台《电子支付指引（第二号）》，明确非金融机构性质的网上支付服务商办理网上支付的业务规则、风险控制措施以及与其客户之间的权利义务关系，并根据电子支付市场的创新和发展情况，考虑出台一系列有关电子支付的规范性文件，以完善业务规则，确保电子支付业务健康发展。研究多用途储值卡和网络“虚拟货币”的规范管理问题。推动电子支付基础设施建设，健全大额实时支付系统和小额批量支付系统日常维护管理机制，推广基于影像截留技术的全国支票影像交换系统，完善处理电子支付业务的相关系统；推动社会征信体系建设，加快覆盖全国的征信系统联网和运行，优化电子支付发展的信用环境；继续深入研究防范银行卡、网上支付等用于赌博、洗钱等违法犯罪问题。

（八）改善农村支付环境，提高农村支付服务质量

为贯彻落实党中央、国务院关于统筹城乡发展、切实解决“三农”问题的决定，中国人民银行将努力构建适应农村经济金融发展的支付服务体系。充分发挥农村信用社在农村支付服务中的主导地位和其他金融机构的积极作用，加快建立功能完善、分工合理、有序竞争的多元化农村支付服务组织体系。加快推进农村地区基础设施建设，按照投资成本与效益相匹配、业务发展与风险防控相结合的原则，因地制宜，采取多种方式，逐步扩展和延伸支付清算网络在农村地区的辐射范围，为广大农村金融机构提供安全、高效、多层次、低成本的支付清算服务。大力推广非现金支付工具在农村地区的使用，提高农民工银行卡特色服务质量，开发适合农村实际的支付服务品种，方便农民的非现金支付。加强农村支付服务体系风险的监督管理，防范支付风险，确保农村支付服务体系的高效运行。

（九）提高支付体系监督管理水平

建立健全支付体系风险监督机制。借鉴十国集团支付结算委员会制定的《重要支付系统核心原则》，依据《中国人民银行法》、《行政许可法》、《行政处罚法》的有关规定，结合中国国情，进一步完善中国支付体系监督框架。不断创新监督方式，建立科学高效的工作机制。充分利用中国现代化支付系统的参与机制、信贷机制等手段，督促银行加

强流动性和支付风险管理。结合支付信息分析工作，实现对中国支付体系风险的有效监督。继续建立健全中国支付体系风险评估机制，并定期开展评估工作。建立与相关部门科学、合理的协作机制，进一步完善监督管理体系，扩大监督管理的广度和深度。

加强支付服务市场的监管。一是要求支付清算组织不断改进服务水平，加快资金到账时间；建立高效率的差错、投诉和争议处理工作机制，提高差错处理效率，保护参与各方的合法权益。二是要求支付清算组织按照市场化原则，综合考虑成本、利润和风险因素，兼顾各方利益，建立科学、合理的收费定价机制。三是监督支付清算组织强化安全管理，建立健全相关支付清算系统的日常运行维护机制，建立应急和灾难备份系统，加强应急演练，形成规范化的应急机制，提高突发事件的快速应对能力。

加强银行结算账户管理，进一步落实账户实名制。对银行结算账户进行管理，是中国支付体系监督的一项重要内容。要密切关注社会经济发展中的新情况及新问题，不断健全银行结算账户管理的规章制度，完善银行账户管理系统，充分发挥账户管理系统对账户管理相关制度规定的支撑功能，实现与公安、质（技）监等其他部门信息系统的联网工作，切实落实银行账户实名制规定，防范逃废债务、洗钱等违法犯罪活动，促进社会信用体系建设，维护正常的经济金融秩序。

健全支付信息分析体系，为中央银行履行职能服务。支付体系建设的不断推进，特别是支付系统基础设施的不断完善，为支付信息分析工作提供了有利条件。通过支付信息分析，反映支付体系发展状况，能够增强支付体系改革和发展的前瞻性，为货币政策、金融稳定政策的制定及实施提供参考依据。

（十）加强国际交流和合作

随着中国融入全球经济程度的日益加深，中国支付体系也已成为全球支付体系的重要组成部分。境内外金融市场的日益融合，也对支付体系的建设提出了更高的要求。在这种全新的经济金融环境下，为构建安全、高效的支付体系，中国人民银行在进一步发挥市场在资源配置中的基础性作用，运用经济、法律和行政手段实施监督管理职责的同时，积极稳妥地引入新技术、新方法、新手段，鼓励、支持和规范支付服务创新，加强在支付领域的国际交流合作，借鉴国外先进经验，建设服务于国内金融活动和跨境金融活动的高效安全的支付系统，发展和完善本国的支付体系。与此相适应，要进一步加强中国人民银行与外国中央银行、国际金融组织之间的合作，建立跨境监管合作协调机制，防范跨境风险。加强中国与周边国家和地区之间的边贸结算合作，规范边境结算方式和流程，促进人民币规范使用。加强人员交流与培训合作，为中国的支付领域培养高素质人才，有效地履行职责。

四、2007年中国支付体系发展预期

支付系统等基础设施的建设将稳步推进。全国支票影像交换系统在全国范围内的推广应用工作将在2007年上半年完成，实现支票的全国通用。同时，中国人民银行将协调有关部门，确立支票影像的法律地位，促进支票业务健康发展。支付管理信息系统的建设将于2007年5月底前完成，实现对中国人民银行现代化支付系统运行的实时监控和支付数据的统计与分析。支付信用信息查询系统年底前建成，为政府部门、金融机构和社会公众提供信息查询平台，推动信用支付工具的发展，促进社会整体信用水平的提高。中央银行会计核算数据集中系统的建设将在年内启动，会计凭证影像事后监督系统也将进一步推广，以防范会计核算业务风险。境内银行间外币支付系统的建设年内开始实施。内地与香港等地区间的金融基础设施合作将继续加强。

小额批量支付系统的业务创新和推广工作将迈上新的台阶。中国人民银行将充分利用小额批量支付系统公共平台的作用，积极采取有效措施，促进业务推广和创新，为社会提供高效、优质、低廉的公共支付服务，同时有效推动银行业金融机构和支付清算组织拓展其服务功能。

人民币银行结算账户管理系统（二期）的建设年内完成。中国人民银行将在维持人民币银行结算账户管理系统（一期）的基本构架、保留其主要业务流程的基础上，组织完成该系统（二期）的建设，进一步完善系统功能，优化系统性能，建立系统总行级次，实现账户管理系统与中国人民银行现代化支付系统账户信息的比对，加强和改善银行结算账户管理，充分发挥其监督管理作用。

通过联网核查公民身份信息，落实银行账户实名制将取得突破性进展。中国人民银行将会同公安部，建立联网核查公民身份信息平台，并于2007年6月底前完成与各银行业金融机构的联网，力争实现全国所有银行业金融机构网点办理相关业务时均能够进行联网核查，为银行业金融机构识别客户身份、辨别身份证件的真伪，以进一步落实银行账户实名制，更好地保护银行和社会公众的财产权，从源头上打击偷税漏税、贪污受贿、金融诈骗、洗钱等违法犯罪活动，维护经济金融秩序提供有效手段。

加强银行卡受理市场建设仍然是银行卡工作的重点。2007年要进一步改善银行卡受理环境，提高中小特约商户的普及率和持卡消费率，推动公务卡的使用；在巩固农民工

银行卡特色服务推广工作成果的基础上，完善措施，重点提高农民工银行卡特色服务质量，扩大业务规模，为改善农村地区支付结算环境，方便农民工异地存取款发挥更加积极的作用。

奥运支付环境建设工作将稳步推进。2007 年是北京奥运建设的关键一年，奥运支付环境建设是奥运会建设的重要组成部分。中国人民银行将会同相关部门统一组织、指导、协调奥运城市的支付环境建设工作，采取各项有效措施，确保国际奥委会、各国家或地区奥委会、境外媒体和赞助商、体育组织等列入北京奥组委名录的境外机构以及奥运会期间进入我国境内的相关个人能够得到便利的账户服务；特别加大对奥运赛事城市银行卡受理环境的建设，以满足奥运期间境内外持卡人的支付需求，同时拓展其他非现金支付服务功能，为境内外客人办理外币兑换、旅行支票、电子汇兑等提供优质的服务。

支付体系法规制度建设将取得突破性进展。《支付清算组织管理办法》将发布实施，针对支付清算组织的业务运作模式及潜在风险，实行审慎的业务许可，明确符合条件的社会化机构从事支付清算业务的合法地位；要求进入支付服务市场的社会化机构建立完善的内部控制制度，鼓励市场竞争与创新，并采取风险防范措施，确保支付服务市场健康发展。出台《电子支付指引（第二号）》，网上支付服务市场将进一步得到规范和发展。深入研究网络“虚拟货币”的使用对支付结算业务和实体经济的影响，出台相关制度有效防范风险。同时，《定期借记、定期贷记业务指引》等业务规范也将相继推出。此外，中国人民银行还将推动《银行卡条例》的出台以及《票据法》的修改。

第四部分

附录

- 改革开放以来中国支付体系发展大事记
- 2006 年主要支付业务报表

附录一　改革开放以来中国支付体系发展大事记

1983 年

12 月 27 日　中国人民银行发布《异地托收承付结算办法》，在全国推行了异地托收承付结算方式。

12 月 28 日　中国人民银行印发《关于实行票汇结算办法的通知》，开办票汇结算，以适应多种经济发展和多种渠道商品流通的需要。

1984 年

10 月 8 日　中国人民银行发布《关于改革全国银行联行制度的实施办法》，自 1985 年 4 月 1 日起，全国银行联行实行“自成联行系统，跨行直接通汇，相互发报移卡，及时清算资金”的方式，将中国人民银行主办的“大联行”改为各专业银行自成联行系统、跨行直接通汇清算的模式。

12 月 4 日　中国人民银行印发《关于下发商业汇票承兑、贴现暂行办法的通知》，在全国统一推行商业承兑汇票和银行承兑汇票业务。

1985 年

4 月　中国人民银行推行商业汇票承兑、贴现业务和中央银行的再贴现业务，便利了融资和结算。

6 月　中国银行珠海分行发行中国第一张银行卡——中银卡。

1986 年

1 月 27 日　中国人民银行批准开办个体经济和个人使用支票业务，结束了银行只为国有和集体经济组织提供转账结算服务的历史。

4 月 16 日　中国人民银行、中国工商银行联合发布《商业汇票承兑、贴现暂行办法》，规定了签发、承兑、使用商业汇票以及商业汇票贴现、再贴现的原则和具体办法。

同日，中国人民银行发布《中国人民银行再贴现办法》。

10 月 22 日　中国人民银行、中国工商银行、中国农业银行、中国人民建设银行联合印发《关于改进跨系统全国联行往来办法的通知》。

1987 年

6 月 20 日　中国人民银行、中国工商银行、中国银行、中国人民建设银行联合发布《华东三省一市票汇结算试行办法》，在江苏、浙江、安徽、上海地区试行票汇结算业务。

1988 年

6 月　中国银行发行外汇长城万事达卡（国际卡），中国信用卡开始真正走向世界。

8 月 22 日　国务院办公厅印发《国务院办公厅转发中国人民银行关于改革银行结算报告的通知》，确立了票据在结算中的主导地位，是中国的银行结算向信用支付工具流通化迈出的决定性的一步。

12 月 19 日　中国人民银行发布了《银行结算办法》和《银行结算会计核算手续》，这是新中国建立以来最全面和系统的结算办法，其制定、实施启动了中国支付结算制度的重大变革，标志着中国支付体系建设开始步入新的发展时期。

1989 年

5 月 19 日　国务院办公厅印发《关于建设中国人民银行卫星通信专用网的通知》，正式开始了全国卫星通信电子联行的建设。

12 月 6 日　中国人民银行发布《关于改革联行清算制度的通知》，改革联行清算制度，建立中国人民银行清算中心，运用卫星通信网的电子联行替代手工联行，专业银行跨系统和系统内汇划款项全部通过清算中心汇划并清算资金。

1991 年

7 月　全国电子联行系统正式运行。

1992 年

4 月 1 日　中国人民银行清算总中心正式成立。

1993 年

7 月 1 日　邮电部、中国人民银行联合下发新的《邮政汇兑资金清算办法》，解决了当时影响社会安定和人民生活的邮政汇款兑付难的“绿条子”问题。

1994 年

3 月 1 日　中国人民银行决定，在上海设立“中国外汇交易中心”，4 月 4 日开始营运。

7 月 7 日　中国人民银行印发《关于在煤炭、电力、冶金、化工和铁道行业推行商业汇票结算的通知》，在五大行业大力推行商业汇票结算。

9 月 26 日　中国人民银行颁发了《关于加强银行结算工作的决定》、《银行账户管理办法》，重新修订发布了《异地托收承付结算办法》和《违反银行结算制度处罚规定》等制度。

1995 年

5 月 10 日　第八届全国人民代表大会常务委员会第十三次会议通过了《中华人民共和国票据法》，自 1996 年 1 月 1 日起施行。这是实现中国票据行为法制化的重大步骤。

5 月　中国人民银行开始实施电子联行“天地对接”工程。

1996 年

10 月 1 日　中国人民银行发布《票据管理实施办法》，规范了票据的使用，明确了信用支付工具在支付结算中的地位。

11 月 1 日　中国人民银行正式加入国际清算银行。

1997 年

6 月 1 日　中国现代化支付系统试点工程正式启动。

10 月 30 日　银行卡信息交换总中心在北京正式成立。

12 月 1 日　中国人民银行颁布实施《支付结算办法》，进一步规范了票据行为和支付结算行为，明确了支付结算纪律、责任及处罚规定。

12 月 26 日　中国人民银行联合各银行成立了会员制的国家金融清算总中心，担负起维护中国人民银行现代化支付系统正常运行的职能。

1998 年

6 月 2 日　中国人民银行印发《关于加强商业汇票管理　促进商业汇票发展的通知》。

11月3日　中国人民银行批准中央国债登记结算有限责任公司上报的《银行间债券交易结算规则（试行）》、《银行间债券交易规则（试行）》，由该公司印发全国同业拆借市场结算成员执行。

12月4日　为适应银行卡异地跨行信息交换业务的需要，中国人民银行发布《银行卡异地跨行业务资金清算规则》。

12月24日　银行卡信息交换总中心系统正式投产运行。

1999年

1月26日　中国人民银行发布《银行卡业务管理办法》，以维护银行业金融机构、持卡人、特约单位及其他当事人的合法权益，促进银行卡业务的规范化发展。

2000年

3月20日　中华人民共和国国务院发布第285号国务院令，《个人存款账户实名制规定》自2000年4月1日起施行。

6月16日　为加强银行汇票业务管理，防范支付风险，中国人民银行发布《支付结算业务代理办法》和《银行汇票准入、退出管理规定》。

6月29日　由中国人民银行牵头，国内12家银行联合共建的中国金融认证中心正式运行，标志着中国电子商务进入了可以提供跨银行安全支付的新阶段。

10月　中国人民银行决定，要“调整定位、借鉴吸收、以我为主、自主开发”，加快中国现代化支付系统建设。

2001年

3月30日　经国务院同意、中国证监会批准，中国证券登记结算有限责任公司在北京正式成立，这标志着全国集中统一的证券登记结算体系框架基本形成。

4月2日　中国人民银行下发通知，要求中国境内各银行业金融机构发行的具有人民币结算功能的银行卡统一采用“银联”标识。

6月21日　中国人民银行发布《银行业金融机构中间业务暂行规定》。

6月29日　中国人民银行发布《网上银行业务管理暂行办法》。

2002年

1月15日　中国人民银行发布《金融机构协助查询、冻结、扣划工作管理规定》，规范金融机构协助查询、冻结、扣划业务。

3月26日　中国银联股份有限公司在上海成立。

8月16日　全国城市商业银行资金清算中心在上海正式组建，并于10月30日开业。

10月8日　大额实时支付系统在北京、武汉成功投产运行，标志着中国现代化支付系统建设取得突破性进展。

12月　银行卡联网通用“314”目标基本实现。

2003年

1月　中国人民银行发布《金融机构反洗钱规定》、《人民币大额和可疑支付交易执行管理办法》和《金融机构大额和可疑外汇资金交易报告管理办法》，并于2003年3月1日起施行，以加强对支付交易的监督管理，规范支付交易报告行为，防范利用银行支付结算进行洗钱等违法犯罪活动。

4月10日　中国人民银行颁布了《人民币银行结算账户管理办法》，自9月1日起施行。

10月18日　中国人民银行发布《大额支付系统业务处理办法》、《大额支付系统业务处理手续》及《大额支付系统运行管理办法》。

11月19日　中国人民银行发布公告，为香港地区银行办理个人人民币业务提供清算安排。

12月14日　中国人民银行完成大额实时支付系统在全国29个省会（首府）城市和深圳市的推广运行。

12月22日　中国人民银行决定从2004年3月1日起调整银行卡跨行交易收费办法和标准。

2004年

2月25日　香港地区人民币清算行成功接入大额实时支付系统，为香港地区的银行办理个人人民币业务提供清算通道。

4月27日　中国人民银行会同财政部等部门发布《军队单位银行账户管理规定》，加强军队单位账户管理。

7月29日　中国人民银行会同财政部等部门发布《武警部队单位银行账户管理规定》，加强武警部队单位账户管理。

8月3日　经国务院批准，中国人民银行决定为在澳门地区办理个人人民币存款、兑换、银行卡和汇款业务的有关银行提供清算安排。

8 月 28 日　第十届全国人民代表大会常务委员会第十一次会议通过《电子签名法》和《票据法》（修正）并公布施行。

10 月 13 日　《中国人民银行关于调整票据、结算凭证种类和格式的通知》发布，进一步规范客户和银行的支付结算行为。

10 月 18 日　城市商业银行汇票处理系统成功接入大额实时支付系统，进一步畅通了中小金融机构汇路。

11 月 3 日　澳门地区人民币清算行成功接入大额实时支付系统，为澳门地区的银行办理个人人民币业务提供清算通道。

11 月 8 日　中央债券综合业务系统成功接入大额实时支付系统，实现了债券交易和中央银行公开市场业务的“付款交割”（DVP）结算。

中国银联信息处理系统成功接入大额实时支付系统，实现了银联卡跨行支付业务的即时转账结算。

11 月 9 日　公开市场操作首次采用券款对付的方式进行结算，标志着中国银行间债券市场成功实现了券款对付。

2005 年

1 月 19 日　中国人民银行发布《人民币银行结算账户管理办法实施细则》，进一步加强银行结算账户管理。

4 月　中央银行会计集中核算系统在全国推广成功，为跨行支付交易提供最终转账结算。

4 月 24 日　中国人民银行会同发展与改革委员会等九部委联合发布《关于促进银行卡产业发展的若干意见》，全面系统地提出了促进中国银行卡产业发展的政策措施。

4 月 30 日　中国人民银行发布《关于对签发空头支票行为实施行政处罚有关问题的通知》，加大对签发空头支票行为的处罚力度，维护持票人合法利益和经济金融秩序。

6 月 27 日　大额实时支付系统在全国推广完成，实现了我国异地跨行支付清算从手工联行到电子联行，再到现代化支付系统的跨越式发展和历史性飞跃。

6 月 30 日　中国人民银行完成人民币银行结算账户管理系统在全国的推广应用，并对单位银行结算账户进行了全面清理核实。

9 月 5 日　中国人民银行发布《关于完善票据业务制度有关问题的通知》，进一步完善票据业务制度，规范和促进票据业务健康发展。

10 月 6 日　中国人民银行发布《关于规范和促进银行卡受理市场发展的指导意见》，

扩大银行卡使用范围，促进银行卡业务发展。

10 月 26 日 中国人民银行印发《电子支付指引（第一号）》，以规范电子支付业务，维护银行及其客户在电子支付活动中的合法权益，促进电子支付业务健康发展。

11 月 3 日 中国人民银行发布《中国人民银行自动质押融资业务管理暂行办法》，以加强现代化支付系统流动性管理，防范和化解支付风险。

12 月 1 日 中国人民银行发布《中国现代化支付系统运行管理办法（试行）》、《小额支付系统业务处理办法（试行）》、《小额支付系统业务处理手续（试行）》，进一步加强中国现代化支付系统制度建设。

12 月 29 日 中国人民银行在贵州开展农民工银行卡特色服务业务的试点工作，为方便农民工存取款、解决农民工回乡携带大量现金问题探索了新路子。

2006 年

3 月 8 日 中国人民银行发布《关于规范人民币银行结算账户管理有关问题的通知》，对银行结算账户业务做出新的规范。

同日，中国人民银行办公厅发布《关于规范银行汇票专用章事项的通知》，进一步明确和加强汇票专用章的使用和管理。

4 月 25 日 全国银行卡电话电视会议召开，进一步落实《关于促进银行卡产业发展的若干意见》。

6 月 26 日 小额批量支付系统完成在全国的推广运行。

6 月 26 日 中央银行会计集中核算系统小额支付业务在全国的推广工作完成，存续了几十年的传统联行方式正式退出历史舞台。

6 月 27 日 中国人民银行组织广东等五个省市开展人民币银行结算账户管理系统灾难事件应急处置演练。

7 月 27 日 中国人民银行发布《关于做好农村地区支付结算工作的指导意见》，积极开展农村地区支付结算工作，促进社会主义新农村建设。

11 月 9 日 中国人民银行发布《关于促进商业承兑汇票业务发展的指导意见》，旨在促进商业承兑汇票的广泛使用和流通。

12 月 18 日 全国支票影像交换系统在北京、天津、上海、广东、河北、深圳六省（市）成功试运行。

12 月 30 日 农民工银行卡特色服务在山东等 12 个省（自治区、直辖市）开通完毕，大大方便了农民工异地存取款。

附录二　2006 年主要支付业务报表

一、支付工具类报表

表一　支付工具结构情况年报表

单位：万笔、亿元

业务类别	项目	笔数	金额
票据	银行汇票	1 332.02	53 107.03
	其中：现金银行汇票	12.55	410.19
	转账银行汇票	1 319.47	52 696.84
	商业汇票	588.42	55 081.06
	其中：商业承兑汇票	20.28	4 578.60
	银行承兑汇票	568.14	50 502.46
	银行本票	564.51	52 770.59
	其中：现金本票	99.70	4 932.55
	转账本票	464.81	47 838.04
	支票	116 626.70	2 085 024.32
	其中：现金支票	31 418.87	211 458.86
	转账支票	85 207.83	1 873 565.46
	其中：单位支票	115 083.90	2 073 898.78
	个人支票	1 542.80	11 125.54
	国内信用证	4.69	802.81
	合计	119 116.34	2 246 785.81
银行卡	存现	258 798.28	241 507.12
	取现	568 091.96	234 162.43
	其中：ATM 取现	320 432.73	24 361.84
	消费	105 940.00	18 936.50
	转账	158 700.69	211 148.85
	合计	1 091 530.93	705 754.90
结算方式	汇兑	63 162.04	1 637 253.17
	托收承付	130.86	6 367.83
	委托收款	17 218.81	97 158.45
	其中：同城特约委托收款	15 967.07	49 799.39
	商业承兑汇票	18.46	2 601.26
	银行承兑汇票	535.56	35 955.72
	合计	80 511.71	1 740 779.45

表二 银行卡业务

项目 行别	银行卡数量							
	当期发卡数量				期末卡数量			
	贷记卡	准贷记卡	借记卡	小计	贷记卡	准贷记卡	借记卡	小计
国有商业银行	763.02	192.28	13 506.62	14 461.92	1 425.24	1 852.46	68 629.64	71 907.34
股份制商业银行	1 283.14	3.46	2 762.94	4 049.54	1 444.91	172.06	17 307.11	18 924.08
城市商业银行	35.41	0.01	1 373.10	1 408.52	63.24	0.05	5 104.12	5 167.41
农村商业银行	0.71		449.76	450.47	0.71		1 906.00	1 906.71
城市信用社			19.24	19.24			38.71	38.71
农村信用社			926.78	926.78			2 174.93	2 174.93
邮政储蓄机构			2 039.35	2 039.35			12 974.00	12 974.00
合计	2 082.28	195.75	21 077.79	23 355.82	2 934.10	2 024.57	108 134.51	113 093.18

注：1. 本报表中显示为0.00的数据，表示该项数据小于0.005且大于0，下同。
2. 农村商业银行数据包含农村合作银行数据，下同。

情况年报表

单位：万笔、亿元

资金交易情况					
存现		取现		消费	
笔数	金额	笔数	金额	笔数	金额
207 288.70	187 250.66	432 410.31	184 566.33	60 266.06	14 484.35
26 509.58	34 703.29	51 703.89	28 390.64	35 107.86	2 808.43
7 061.37	5 724.40	15 912.79	6 073.15	4 265.25	508.82
1 954.94	1 879.08	8 226.28	2 846.49	961.02	139.40
[illegible]	[illegible]	[illegible]	[illegible]	[illegible]	[illegible]
5 406.30	6 247.77	11 003.20	5 098.97	1 582.42	366.51
10 492.78	5 590.80	48 561.50	7 098.48	3 736.10	624.39
258 798.28	241 507.12	568 091.96	234 162.43	105 940.00	18 936.50

表二　银行卡业务

项目 行别	资金交	
	转账	
	笔数	金额
国有 商业银行	103 065.83	138 103.17
股份制 商业银行	33 049.83	59 300.55
城市 商业银行	7 204.00	3 679.10
农村 商业银行	1 642.57	1 122.02
城市 信用社	14.59	35.52
农村 信用社	6 141.37	3 164.90
邮政 储蓄机构	7 582.50	5 743.59
合计	158 700.69	211 148.85

情况年报表（续表）

单位：万笔、亿元

易情况	
小计	
笔数	金额
803 030. 90	524 404. 51
146 371. 16	125 202. 91
34 443. 41	15 985. 47
12 784. 81	5 986. 99
394. 48	239. 61
24 133. 29	14 878. 15
70 372. 88	19 057. 26
1 091 530. 93	705 754. 90

二、支付系统类报表

表三　中国人民银行现代化支付

月份	大额实时支付业务	
	笔数	金额
1 月	1 151.52	155 764.90
2 月	770.50	131 359.63
3 月	1 248.10	189 903.15
4 月	1 272.99	173 352.34
5 月	1 114.11	150 207.78
6 月	1 208.82	244 574.39
7 月	1 105.97	226 299.16
8 月	1 199.52	203 066.93
9 月	1 268.99	260 935.08
10 月	1 045.61	226 349.10
11 月	1 270.23	272 907.81
12 月	1 524.76	340 643.10
合计	14 181.12	2 575 363.37

系统业务量统计表

单位：万笔、亿元

小额批量支付业务		小计	
笔数	金额	笔数	金额
34.24	165.88	1 185.76	155 930.78
25.79	53.29	796.29	131 412.92
56.92	133.06	1 305.02	190 036.21
93.70	434.86	1 366.69	173 787.20
123.92	357.06	1 238.03	150 564.84
253.34	8 292.87	1 462.16	252 867.26
357.47	5 385.33	1 463.44	231 684.49
431.41	998.79	1 630.93	204 065.72
468.89	2 316.07	1 737.88	263 251.15
392.10	916.98	1 437.71	227 266.08
504.61	985.76	1 774.84	273 893.57
593.93	1 512.21	2 118.69	342 155.31
3 336.32	21 552.16	17 517.44	2 596 915.53

表四　大额实时支付系统行别间资金流量

资金流入 资金流出	政策性银行		国有商业银行	
	笔数	金额	笔数	金额
政策性银行	1.86	12 662.25	296.26	32 240.97
国有商业银行	23.84	14 679.37	4 495.31	652 967.92
股份制商业银行	3.61	9 602.87	1 748.29	194 618.40
城市商业银行	1.87	5 232.22	780.11	75 282.61
农村商业银行	0.21	219.39	81.32	4 281.13
城市信用社	0.20	41.55	50.73	1 893.03
农村信用社	2.79	983.18	787.14	45 011.60
外资银行	0.23	608.23	150.09	22 702.07
邮政储蓄机构	0.02	899.80	12.50	6 241.25
其他	3.29	3 048.32	98.88	122 091.07
合计	37.92	47 977.18	8 500.63	1 157 330.05

流向情况年报表

单位：万笔、亿元

股份制商业银行		城市商业银行	
笔数	金额	笔数	金额
81.84	12 475.14	44.90	6 599.97
1 417.65	182 608.16	720.61	75 585.06
421.43	303 928.33	202.28	52 671.65
184.77	48 512.23	120.16	23 400.67
16.65	1 298.21	10.62	1 032.06
8.22	834.46	5.82	1 400.88
123.67	14 569.02	71.77	10 460.47
44.28	13 649.42	16.47	2 921.19
5.45	5 603.90	1.80	3 861.68
12.48	24 382.03	27.04	6 479.54
2 316.44	607 860.90	1 221.47	184 413.17

表四　大额实时支付系统行别间资金流量

资金流入 资金流出	农村商业银行		城市信用社	
	笔数	金额	笔数	金额
政策性银行	5.44	317.43	2.21	155.98
国有商业银行	89.12	4 081.86	34.24	1 663.34
股份制商业银行	24.24	1 313.23	6.05	1 086.54
城市商业银行	13.19	1 014.35	4.51	1 349.19
农村商业银行	4.87	386.33	0.31	18.81
城市信用社	0.42	21.23	0.49	142.18
农村信用社	16.61	649.72	5.01	1 006.62
外资银行	2.60	92.78	0.56	87.07
邮政储蓄机构	0.23	428.13	0.02	32.23
其他	0.50	365.35	0.98	224.50
合计	157.22	8 670.41	54.38	5 766.46

流向情况年报表（续表）

单位：万笔、亿元

农村信用社		外资银行	
笔数	金额	笔数	金额
61.34	2 409.73	5.06	1 115.96
831.89	43 521.70	97.60	20 326.33
190.36	16 174.31	34.00	12 247.97
98.55	10 297.88	14.82	913.09
16.40	611.07	1.81	18.02
6.34	1 020.61	0.45	5.49
217.60	10 035.24	7.37	1 118.67
27.25	1 261.39	5.01	12 135.68
0.77	380.81	0.62	1 317.78
9.49	5 507.52	0.99	5 621.68
1 459.99	91 220.26	167.73	54 820.67

表四　大额实时支付系统行别间资金流量

资金流入 / 资金流出	邮政储蓄机构	
	笔数	金额
政策性银行	0.01	553.04
国有商业银行	0.11	3 847.09
股份制商业银行	0.17	5 006.57
城市商业银行	0.12	2 687.20
农村商业银行	0.01	452.61
城市信用社	0.01	26.82
农村信用社	0.02	343.61
外资银行	0.01	254.70
邮政储蓄机构	0.01	90.91
其他	0.43	5 558.08
合计	0.90	18 820.63

流向情况年报表（续表）

单位：万笔、亿元

其他		合计	
笔数	金额	笔数	金额
8. 57	14 432. 82	507. 49	82 963. 29
82. 89	118 262. 26	7 793. 26	1 117 543. 09
13. 80	27 765. 50	2 644. 23	624 415. 37
30. 49	11 575. 05	1 248. 59	180 264. 49
0. 33	599. 32	132. 53	8 916. 95
0. 65	208. 30	73. 33	5 594. 55
13. 08	7 111. 64	1 245. 06	91 289. 77
2. 60	2 643. 67	249. 10	56 356. 20
0. 49	2 712. 51	21. 91	21 569. 00
111. 54	213 172. 57	265. 62	386 450. 66
264. 44	398 483. 64	14 181. 12	2 575 363. 37

表五 大额实时支付系统地区间资金流量

资金流入 / 资金流出	北京市		天津市	
	笔数	金额	笔数	金额
北京市	81. 70	535 790. 43	30. 57	17 087. 21
天津市	33. 03	16 552. 58	47. 11	11 288. 49
河北省	60. 11	9 918. 29	29. 67	782. 43
山西省	21. 99	7 319. 92	6. 26	353. 68
内蒙古自治区	18. 86	6 840. 46	3. 86	148. 13
辽宁省	49. 07	14 771. 54	15. 28	500. 56
吉林省	16. 63	3 167. 29	3. 59	103. 95
黑龙江省	21. 81	6 861. 00	4. 65	213. 49
上海市	105. 19	163 828. 79	21. 60	4 864. 44
江苏省	61. 99	24 294. 56	14. 17	943. 31
浙江省	51. 00	25 559. 06	10. 22	775. 93
安徽省	13. 70	6 331. 87	2. 76	199. 42
福建省	20. 40	28 721. 19	3. 67	490. 84
江西省	10. 43	4 883. 19	1. 40	27. 79
山东省	62. 60	21 591. 85	19. 89	651. 85
河南省	24. 64	8 431. 39	6. 12	210. 34
湖北省	23. 63	12 923. 58	4. 07	300. 15
湖南省	16. 40	11 999. 20	2. 43	112. 08
广东省	63. 06	29 391. 87	12. 04	1 046. 48
海南省	11. 36	9 869. 36	1. 67	145. 75
广西壮族自治区	10. 17	1 865. 70	1. 30	30. 33
重庆市	10. 08	5 075. 90	1. 62	68. 11
四川省	20. 80	9 139. 42	3. 27	135. 35
贵州省	7. 30	2 854. 87	0. 93	104. 70
云南省	9. 76	9 205. 27	1. 35	40. 80
西藏自治区	2. 93	1 070. 80	0. 34	9. 17
陕西省	17. 20	4 931. 76	3. 81	109. 74
甘肃省	11. 11	2 505. 84	2. 22	99. 06
青海省	3. 41	1 272. 92	0. 62	61. 02
宁夏回族自治区	5. 07	882. 96	1. 06	20. 98
新疆维吾尔自治区	11. 50	3 117. 08	1. 97	49. 53
深圳市	36. 13	65 522. 65	5. 80	1 225. 86
合计	913. 06	1 056 492. 61	265. 33	42 201. 00

注：中央债券综合业务系统通过大额实时支付系统进行的资金转账交易数据并入北京市业务量统计数据；中国银联银行卡支付系统通过大额实时支付系统进行的资金转账交易数据并入上海市统计数据。

流向情况年报表

单位：万笔、亿元

河北省		山西省		内蒙古自治区	
笔数	金额	笔数	金额	笔数	金额
45.90	9 313.37	9.70	6 792.65	7.36	6 587.85
22.13	1 041.75	3.36	420.89	2.14	180.69
138.37	19 447.30	6.91	467.39	3.20	208.89
11.40	208.94	87.80	13 387.06	1.60	127.59
6.41	173.78	2.23	128.11	49.70	8 293.43
19.07	403.67	2.71	155.09	3.90	332.24
5.09	125.75	0.60	37.19	1.03	118.07
6.15	119.82	0.79	34.34	1.72	74.61
16.02	1 342.97	4.79	605.39	2.54	492.55
19.80	524.86	7.14	362.17	2.84	183.78
17.68	576.45	5.27	277.30	2.42	130.34
4.60	136.15	1.67	52.77	0.75	45.17
4.56	245.13	1.32	217.70	0.67	57.90
2.40	33.23	0.77	27.39	0.43	30.94
29.53	846.78	7.55	628.82	3.03	270.98
11.86	299.41	5.11	246.61	1.09	74.20
6.80	133.27	2.25	103.67	0.84	160.73
4.54	109.47	1.38	119.11	0.55	35.39
16.84	561.93	5.06	444.18	2.56	323.11
1.81	53.53	0.83	38.70	0.41	37.55
2.16	34.00	0.57	17.34	0.27	9.57
2.55	37.29	0.79	25.56	0.32	14.61
4.62	175.99	1.66	44.19	0.85	40.58
1.74	39.28	0.47	9.00	0.20	6.14
2.08	45.46	0.60	20.74	0.22	27.62
0.52	11.83	0.13	3.66	0.07	4.37
5.13	151.63	3.73	124.73	1.28	78.95
3.73	92.28	1.53	61.05	1.20	82.41
1.35	25.03	0.36	15.15	0.32	18.91
1.52	24.93	0.47	19.05	1.33	85.66
3.41	51.20	0.56	11.45	0.59	38.81
6.46	382.44	2.88	162.52	1.45	207.70
426.23	36 768.90	171.01	25 060.97	96.88	18 390.34

表五　大额实时支付系统地区间资金流量

资金流入 / 资金流出	辽宁省		吉林省	
	笔数	金额	笔数	金额
北京市	26.55	15 469.27	7.95	3 249.03
天津市	8.63	462.91	1.84	104.23
河北省	11.86	375.73	2.62	121.38
山西省	3.38	126.02	0.88	37.29
内蒙古自治区	6.31	249.01	1.65	113.86
辽宁省	180.07	24 536.66	12.80	795.78
吉林省	23.39	838.94	66.11	6 848.58
黑龙江省	18.51	789.85	5.90	259.62
上海市	25.12	4 212.64	4.84	429.52
江苏省	16.04	594.13	4.40	196.71
浙江省	13.29	806.52	3.88	220.50
安徽省	3.26	105.50	1.41	25.24
福建省	4.18	1 029.50	1.35	119.85
江西省	1.61	33.40	0.72	26.69
山东省	19.03	1 033.79	5.04	177.62
河南省	4.93	353.06	1.50	71.95
湖北省	4.52	147.50	1.66	102.85
湖南省	2.99	106.77	1.25	51.20
广东省	14.79	965.70	4.75	201.36
海南省	2.23	118.25	0.93	76.49
广西壮族自治区	1.70	54.11	0.59	22.12
重庆市	1.79	124.02	0.62	71.32
四川省	3.87	292.07	1.33	107.03
贵州省	1.12	89.09	0.45	20.37
云南省	1.48	72.35	0.63	56.38
西藏自治区	0.34	10.05	0.16	5.19
陕西省	3.03	176.57	0.94	19.88
甘肃省	2.10	64.03	0.68	17.97
青海省	0.60	60.86	0.19	12.00
宁夏回族自治区	0.69	19.54	0.23	6.93
新疆维吾尔自治区	1.62	48.38	0.63	10.61
深圳市	7.77	652.70	3.12	230.95
合计	416.80	54 018.92	141.04	13 810.52

流向情况年报表（续表）

单位：万笔、亿元

黑龙江省		上海市		江苏省	
笔数	金额	笔数	金额	笔数	金额
9.69	7 738.77	101.69	139 867.61	47.94	24 311.12
1.88	184.75	29.40	5 086.73	19.15	1 052.47
2.45	79.81	23.99	1 511.02	21.23	463.25
0.83	36.59	10.79	737.65	9.43	180.11
3.30	85.62	5.66	556.23	4.89	162.36
11.18	691.71	42.59	3 971.43	27.66	720.57
6.11	212.12	10.67	689.38	7.45	224.01
88.67	11 013.41	13.45	1 200.53	9.07	325.22
6.29	767.98	69.42	107 948.25	242.54	8 782.64
4.29	235.41	374.09	9 749.32	510.00	53 334.93
3.91	305.88	275.55	9 787.23	170.12	2 781.82
1.27	31.88	37.93	1 252.15	44.90	1 029.95
1.19	688.58	42.82	10 999.58	32.14	1 387.88
0.58	26.89	16.07	676.89	13.40	209.67
4.88	263.32	74.84	7 902.28	72.46	2 271.19
1.52	52.07	22.54	1 596.18	21.93	677.57
1.45	116.20	33.82	2 048.45	26.41	648.69
1.02	96.61	19.34	3 200.17	16.14	388.15
5.07	466.86	98.43	7 157.37	72.97	2 342.34
1.03	61.35	13.58	2 206.46	8.84	390.51
0.52	36.38	10.26	407.23	7.72	98.17
0.65	73.94	14.72	1 604.70	9.43	342.97
1.23	234.89	25.87	1 203.13	15.86	479.08
0.50	28.98	8.21	721.53	5.70	107.47
0.59	38.26	9.83	1 025.92	6.79	246.93
0.15	9.49	2.27	171.25	1.50	29.08
0.98	74.27	15.80	1 009.35	12.17	295.26
0.63	12.52	9.30	412.72	7.57	181.91
0.18	5.12	2.32	59.75	2.46	56.08
0.21	3.33	2.73	329.92	2.53	58.85
0.55	11.35	7.35	514.88	6.01	163.92
3.32	603.26	44.86	13 369.34	32.09	2 238.68
166.10	24 287.59	1 470.19	338 974.65	1 488.48	105 982.85

表五　大额实时支付系统地区间资金流量

资金流入 / 资金流出	浙江省		安徽省	
	笔数	金额	笔数	金额
北京市	37.71	25 623.53	7.81	6 153.73
天津市	14.10	734.25	1.85	204.07
河北省	18.00	357.83	3.00	119.39
山西省	6.50	133.96	1.70	32.34
内蒙古自治区	3.37	63.52	1.18	47.85
辽宁省	28.11	1 848.60	3.31	103.98
吉林省	6.77	358.46	1.20	21.15
黑龙江省	9.41	301.88	1.51	38.50
上海市	184.00	9 008.00	22.12	1 154.87
江苏省	153.53	2 373.14	30.30	1 007.20
浙江省	557.80	42 598.88	20.28	496.30
安徽省	23.32	397.26	126.85	12 763.70
福建省	44.29	1 486.05	4.27	168.70
江西省	17.49	354.69	3.46	63.37
山东省	53.91	1 102.85	8.27	433.86
河南省	18.45	1 238.39	4.06	118.35
湖北省	22.10	766.67	5.01	111.04
湖南省	18.01	344.30	2.75	56.91
广东省	84.45	2 351.48	12.27	515.71
海南省	8.76	397.63	1.70	45.37
广西壮族自治区	7.61	87.35	1.41	50.50
重庆市	10.46	184.48	1.32	41.29
四川省	14.70	333.15	2.30	85.33
贵州省	6.39	92.39	0.99	28.35
云南省	8.08	222.17	1.22	34.44
西藏自治区	1.77	32.58	0.31	4.73
陕西省	11.25	271.43	1.72	67.92
甘肃省	7.18	82.74	1.23	19.33
青海省	2.09	40.39	0.41	3.93
宁夏回族自治区	1.93	143.99	0.45	7.21
新疆维吾尔自治区	6.91	126.55	1.28	18.99
深圳市	31.61	2 369.63	6.13	460.70
合计	1 420.04	95 828.24	281.66	24 479.08

流向情况年报表（续表）

单位：万笔、亿元

福建省		江西省		山东省	
笔数	金额	笔数	金额	笔数	金额
15.53	30 336.38	5.24	4 595.64	36.25	22 958.78
3.61	565.95	0.80	20.88	13.94	666.04
3.66	173.10	1.37	20.86	22.08	738.67
1.58	218.63	0.63	12.23	7.56	436.86
0.87	52.86	0.47	30.24	4.10	239.48
6.35	994.42	1.51	52.53	21.38	1 116.16
1.63	97.55	0.51	16.58	5.25	146.82
2.33	674.21	0.74	18.64	6.77	419.46
30.54	11 999.46	8.08	566.53	41.56	7 307.54
19.88	1 296.10	7.34	166.38	54.17	2 196.55
27.16	1 398.27	13.58	409.97	34.64	1 102.57
3.88	152.63	2.36	53.92	9.31	443.51
424.49	23 027.37	7.33	306.14	9.86	703.46
5.78	241.59	78.22	6 653.56	4.25	65.24
10.69	673.18	3.31	58.94	315.34	40 487.47
3.75	467.69	1.49	36.20	15.24	857.51
6.09	2 617.31	3.99	168.66	9.38	275.50
4.84	680.08	4.39	102.71	5.82	154.10
44.82	2 318.21	29.62	468.57	26.88	1 650.75
4.86	192.62	3.46	63.74	3.64	208.48
2.79	51.36	1.84	24.57	2.98	105.32
2.85	701.11	0.84	13.98	3.44	435.56
4.33	701.15	1.50	34.87	6.33	423.49
1.97	148.81	0.81	18.19	2.23	138.94
2.65	381.06	1.02	20.01	2.78	120.58
0.59	32.52	0.24	3.92	0.70	35.46
2.41	279.10	0.94	14.50	6.13	165.52
1.63	71.86	0.60	6.50	4.03	115.68
0.40	9.54	0.18	3.45	1.41	34.85
0.47	23.25	0.19	1.62	1.46	55.30
1.58	39.33	0.57	8.47	3.36	110.39
18.66	2 319.59	14.75	275.64	12.66	1 849.49
662.65	82 936.29	197.91	14 248.66	694.98	85 765.55

表五　大额实时支付系统地区间资金流量

资金流入 / 资金流出	河南省		湖北省	
	笔数	金额	笔数	金额
北京市	15.27	8 354.20	14.15	13 399.41
天津市	3.90	253.04	2.28	212.39
河北省	9.46	282.60	4.11	104.18
山西省	7.90	225.40	2.37	81.84
内蒙古自治区	2.09	70.66	1.18	174.02
辽宁省	6.05	313.10	3.77	136.09
吉林省	1.84	60.42	1.38	89.74
黑龙江省	2.55	79.06	1.90	122.18
上海市	12.46	1 269.74	16.26	1 842.30
江苏省	18.42	733.07	14.62	588.47
浙江省	14.01	694.75	14.49	850.53
安徽省	5.34	130.66	5.12	116.06
福建省	4.77	498.44	6.03	2 423.36
江西省	3.06	48.95	6.81	179.85
山东省	14.57	881.30	8.32	376.93
河南省	156.76	20 042.21	8.37	355.42
湖北省	11.76	525.21	116.86	14 076.65
湖南省	5.43	140.66	12.47	322.03
广东省	23.37	1 009.18	33.10	1 924.97
海南省	2.83	163.29	5.08	207.89
广西壮族自治区	2.65	75.32	3.45	169.48
重庆市	2.41	395.42	4.00	142.81
四川省	4.67	191.06	4.92	188.32
贵州省	1.88	120.82	2.27	94.48
云南省	2.02	62.97	2.49	116.57
西藏自治区	0.51	14.20	0.60	16.44
陕西省	6.13	346.95	3.36	152.84
甘肃省	3.64	166.18	2.00	53.33
青海省	1.19	34.79	0.56	18.17
宁夏回族自治区	0.98	33.39	0.63	13.39
新疆维吾尔自治区	2.33	62.96	1.65	110.86
深圳市	10.21	779.93	19.09	842.66
合计	360.46	38 059.90	323.68	39 503.69

流向情况年报表（续表）

单位：万笔、亿元

湖南省		广东省		海南省	
笔数	金额	笔数	金额	笔数	金额
8. 93	11 978. 77	57. 39	30 846. 74	3. 59	1 518. 09
1. 28	110. 30	12. 52	972. 29	0. 48	29. 18
2. 45	84. 31	13. 63	402. 24	0. 67	12. 11
1. 30	106. 35	5. 96	375. 72	0. 40	10. 90
0. 69	24. 37	3. 48	269. 33	0. 16	5. 36
2. 37	102. 64	21. 81	785. 85	0. 92	21. 73
0. 77	32. 31	5. 30	151. 61	0. 40	8. 01
1. 01	37. 38	9. 64	456. 71	0. 73	9. 25
8. 97	3 058. 46	82. 25	8 280. 32	3. 32	252. 76
8. 21	373. 28	58. 48	1 852. 77	1. 75	53. 46
10. 10	336. 76	67. 89	2 081. 96	2. 32	88. 25
2. 21	42. 64	10. 98	450. 59	0. 74	11. 51
4. 01	684. 84	53. 66	2 208. 09	1. 06	40. 48
5. 69	96. 83	17. 13	373. 87	0. 48	5. 75
4. 51	189. 81	34. 03	1 637. 88	1. 34	40. 12
3. 22	106. 99	14. 63	874. 63	0. 63	14. 17
8. 88	256. 38	27. 58	1 799. 63	1. 04	22. 42
166. 87	12 338. 79	32. 56	695. 29	0. 99	16. 62
54. 78	868. 08	1 237. 64	62 396. 42	7. 99	193. 56
6. 46	109. 56	39. 77	1 476. 70	16. 89	1 606. 28
5. 57	136. 93	36. 48	548. 04	0. 83	18. 97
2. 08	82. 16	14. 00	676. 11	2. 97	220. 75
2. 94	109. 92	20. 91	402. 64	0. 85	15. 30
3. 27	61. 09	9. 36	306. 75	0. 34	6. 47
2. 69	102. 25	13. 94	782. 41	0. 52	11. 24
0. 55	15. 88	3. 25	129. 37	0. 13	1. 63
1. 67	55. 91	9. 73	198. 43	0. 45	6. 14
1. 17	37. 71	6. 31	119. 35	0. 31	4. 23
0. 42	15. 79	1. 85	25. 26	0. 11	1. 05
0. 35	7. 39	2. 15	83. 24	0. 09	0. 95
0. 88	33. 49	5. 92	194. 37	0. 24	4. 07
24. 75	632. 14	139. 16	8614. 09	2. 94	626. 45
349. 01	32 229. 49	2 069. 40	130 468. 69	55. 68	4 877. 28

表五 大额实时支付系统地区间资金流量

资金流入 / 资金流出	广西壮族自治区		重庆市	
	笔数	金额	笔数	金额
北京市	5.17	1 888.86	6.70	6 242.71
天津市	0.68	25.97	1.04	112.01
河北省	1.24	35.71	1.94	44.71
山西省	0.54	20.30	0.99	37.00
内蒙古自治区	0.28	11.04	0.53	24.84
辽宁省	1.16	31.12	1.84	104.08
吉林省	0.38	21.34	0.56	56.31
黑龙江省	0.51	36.95	0.77	93.94
上海市	4.87	283.99	9.02	1 950.82
江苏省	3.52	76.17	6.49	313.50
浙江省	4.39	143.73	8.80	268.15
安徽省	1.13	48.45	1.59	62.36
福建省	2.32	63.27	3.61	931.56
江西省	1.17	21.92	1.04	21.52
山东省	2.65	107.39	3.77	471.66
河南省	1.30	80.15	2.13	258.06
湖北省	2.13	156.14	4.17	162.63
湖南省	3.30	121.32	2.42	74.35
广东省	52.74	694.41	14.43	876.57
海南省	3.73	45.50	2.04	106.31
广西壮族自治区	99.66	6 309.02	1.73	41.15
重庆市	1.25	36.28	39.23	5 905.59
四川省	1.96	79.80	18.60	651.22
贵州省	1.91	40.14	10.48	1 019.12
云南省	2.31	82.19	3.37	171.19
西藏自治区	0.47	13.02	0.72	20.99
陕西省	0.77	19.37	1.75	85.60
甘肃省	0.51	7.25	1.11	65.63
青海省	0.17	7.13	0.37	5.60
宁夏回族自治区	0.17	30.94	0.30	3.94
新疆维吾尔自治区	0.40	15.62	1.02	112.71
深圳市	13.45	158.38	7.36	495.56
合计	216.23	10 712.86	159.88	20 791.41

流向情况年报表（续表）

单位：万笔、亿元

四川省		贵州省		云南省	
笔数	金额	笔数	金额	笔数	金额
15.88	9 410.38	3.24	2 051.32	5.67	9 492.46
2.32	119.84	0.42	44.69	0.63	62.97
3.74	161.78	0.76	30.23	1.14	61.65
1.94	47.69	0.28	6.33	0.56	57.92
1.08	37.93	0.15	4.40	0.30	34.13
4.04	210.46	0.79	28.52	1.07	116.14
1.18	66.53	0.25	8.82	0.42	45.54
1.70	244.73	0.34	16.43	0.55	78.88
17.96	803.81	3.11	365.54	4.90	1 025.16
11.29	425.77	2.69	84.65	3.28	343.37
12.99	410.56	7.89	77.97	4.02	288.71
2.73	100.07	0.74	16.97	0.91	37.06
6.41	714.03	2.63	44.59	1.68	402.94
2.26	33.80	0.70	21.63	0.82	44.94
7.02	493.28	1.70	83.79	2.11	170.73
4.09	219.51	0.88	102.77	1.04	71.81
6.55	208.61	1.33	67.38	1.59	122.81
4.47	151.57	2.36	102.36	1.62	108.37
39.90	418.72	18.88	280.95	9.30	1 029.41
4.78	65.44	1.33	26.01	1.29	134.69
3.41	89.17	2.55	85.54	2.25	83.03
20.94	701.30	2.06	91.56	1.54	131.54
147.64	16 956.94	3.18	105.57	5.87	297.61
10.27	202.60	57.05	4 324.36	2.97	92.40
9.83	249.33	9.94	659.68	79.92	11 173.60
3.49	84.03	0.47	13.84	18.06	1 735.36
5.62	135.36	0.63	24.44	0.89	66.67
4.08	84.97	0.37	8.28	0.64	21.57
1.53	44.63	0.09	2.26	0.19	12.32
0.99	22.40	0.07	4.35	0.15	34.41
3.13	67.76	0.23	5.55	0.41	29.85
19.08	481.14	5.10	107.08	3.96	956.98
382.34	33 452.09	132.22	8 897.84	159.76	28 365.05

表五　大额实时支付系统地区间资金流量

资金流入 / 资金流出	西藏自治区		陕西省	
	笔数	金额	笔数	金额
北京市	0.58	357.31	12.51	6 217.21
天津市	0.03	0.99	2.07	122.66
河北省	0.03	0.83	3.85	193.31
山西省	0.01	0.53	4.52	141.87
内蒙古自治区	0.01	1.39	2.14	114.95
辽宁省	0.04	1.26	3.12	118.45
吉林省	0.02	0.48	0.98	20.42
黑龙江省	0.02	0.37	1.33	82.03
上海市	0.19	4.01	8.98	1 025.09
江苏省	0.13	2.32	8.70	302.21
浙江省	0.13	2.89	6.98	315.96
安徽省	0.03	1.00	2.03	76.24
福建省	0.07	1.71	2.37	317.38
江西省	0.02	0.91	1.24	21.82
山东省	0.09	3.88	6.59	199.07
河南省	0.04	3.77	5.56	240.70
湖北省	0.07	2.67	4.13	172.07
湖南省	0.05	1.26	2.22	70.12
广东省	0.36	4.36	10.46	319.86
海南省	0.05	0.35	2.22	89.35
广西壮族自治区	0.03	0.23	1.23	15.64
重庆市	0.07	1.58	1.82	65.72
四川省	0.55	61.10	4.78	160.02
贵州省	0.02	0.23	1.24	56.03
云南省	0.05	1.08	1.29	54.50
西藏自治区	2.26	534.68	0.41	8.31
陕西省	0.47	58.29	97.47	8 536.14
甘肃省	0.12	3.34	25.11	1 421.84
青海省	0.16	8.20	3.42	85.96
宁夏回族自治区	0.04	1.45	4.46	90.73
新疆维吾尔自治区	0.04	2.14	4.38	93.66
深圳市	0.19	4.29	7.81	473.18
合计	5.97	1 068.89	245.40	21 222.51

流向情况年报表（续表）

单位：万笔、亿元

甘肃省		青海省		宁夏回族自治区	
笔数	金额	笔数	金额	笔数	金额
3.55	1 878.56	1.12	1 142.84	1.81	881.91
0.58	124.01	0.13	13.52	0.44	20.27
1.03	29.42	0.26	17.79	0.70	33.00
0.54	38.24	0.14	7.60	0.43	15.90
0.80	52.38	0.10	7.93	1.59	102.26
0.82	64.17	0.20	16.68	0.46	19.20
0.22	10.57	0.06	10.28	0.10	3.78
0.27	10.58	0.08	4.25	0.15	4.74
2.29	267.78	0.53	55.01	1.09	399.62
2.39	174.26	0.71	36.18	1.28	58.96
1.98	100.05	0.55	39.98	1.23	191.88
0.72	14.20	0.13	4.26	0.34	8.48
0.74	20.25	0.17	12.60	0.36	10.15
0.31	7.45	0.09	6.75	0.14	3.75
1.71	92.86	0.55	23.68	1.00	61.70
1.26	89.48	0.32	14.92	0.49	35.10
0.83	31.33	0.23	11.70	0.39	11.07
0.50	34.46	0.14	6.15	0.23	9.14
3.20	65.77	0.78	34.97	1.21	90.79
0.66	63.09	0.14	9.27	0.19	63.57
0.44	7.23	0.08	7.02	0.08	27.98
0.46	63.93	0.12	3.73	0.16	3.57
1.62	76.73	0.47	54.25	0.48	22.09
0.26	9.20	0.07	2.46	0.09	7.57
0.37	8.19	0.10	9.24	0.09	32.27
0.32	5.57	0.31	17.23	0.03	0.58
3.43	169.32	0.62	30.70	1.80	76.42
61.48	3 505.60	1.51	72.56	1.98	74.03
14.48	621.71	8.17	899.74	0.53	21.55
3.23	78.42	1.69	128.39	18.36	1 296.88
2.48	65.31	0.21	5.77	2.93	210.42
2.63	223.06	0.52	84.35	0.62	217.61
115.61	8 003.17	20.31	2 791.75	40.76	4 024.23

表五　大额实时支付系统地区间资金流量

资金流入 资金流出	新疆维吾尔自治区	
	笔数	金额
北京市	4. 34	3 504. 94
天津市	0. 73	53. 87
河北省	0. 72	42. 66
山西省	0. 21	30. 37
内蒙古自治区	0. 23	38. 09
辽宁省	0. 55	60. 67
吉林省	0. 14	13. 59
黑龙江省	0. 20	9. 90
上海市	2. 65	459. 87
江苏省	2. 14	195. 91
浙江省	2. 18	148. 71
安徽省	0. 38	14. 09
福建省	0. 56	30. 35
江西省	0. 34	8. 01
山东省	1. 65	128. 14
河南省	0. 90	95. 86
湖北省	0. 71	129. 97
湖南省	0. 40	34. 50
广东省	2. 76	247. 13
海南省	0. 46	34. 88
广西壮族自治区	0. 17	6. 71
重庆市	0. 44	91. 29
四川省	1. 32	87. 66
贵州省	0. 17	28. 63
云南省	0. 26	20. 20
西藏自治区	0. 10	6. 92
陕西省	1. 10	79. 87
甘肃省	1. 44	95. 20
青海省	0. 39	25. 97
宁夏回族自治区	0. 24	14. 74
新疆维吾尔自治区	65. 49	5 518. 30
深圳市	13. 20	1 056. 12
合计	106. 56	12 313. 11

流向情况年报表（续表）

单位：万笔、亿元

深圳市		合计	
笔数	金额	笔数	金额
38.66	69 855.42	670.14	1 034 896.46
6.92	1 259.42	239.46	42 104.08
6.76	416.86	401.01	36 738.73
3.49	170.65	203.93	24 723.47
1.93	161.66	129.60	18 319.67
10.60	776.02	484.59	53 901.09
3.40	231.34	173.45	13 836.94
4.87	632.33	218.11	24 264.26
46.83	18 059.35	1 010.31	362 715.21
32.28	2 472.21	1 456.37	105 545.12
31.27	2 581.45	1 398.00	95 849.29
6.56	495.75	319.63	24 639.46
23.65	4 329.91	716.64	82 391.78
8.56	339.11	206.87	14 591.38
17.37	1 892.80	799.33	85 249.81
8.12	903.57	353.96	38 240.07
14.98	1 179.32	355.24	39 569.26
14.33	652.18	352.18	32 435.42
196.72	8 488.61	2 201.22	129 149.68
18.44	4 246.61	171.44	22 354.58
10.18	207.66	222.69	10 723.20
6.49	511.86	161.55	17 940.05
12.44	596.86	341.73	33 486.80
4.25	214.78	144.93	10 995.26
5.58	968.11	183.84	26 063.03
1.30	110.31	44.99	4 162.46
6.47	575.11	228.87	18 388.18
4.00	312.50	170.52	9 879.47
1.24	124.60	51.13	3 633.73
1.29	215.41	55.52	3 743.96
2.92	412.12	142.54	11 265.89
73.57	35 941.39	571.32	143 565.57
625.50	159 335.26	14 181.12	2 575 363.37

表六　同城票据清算业务

项目 / 行别	提出票据			
	借记		贷记	
	笔数	金额	笔数	金额
政策性银行	12.73	758.37	104.46	4 012.39
国有商业银行	11 946.59	129 253.56	13 645.74	218 866.07
股份制商业银行	3 598.77	58 097.44	2 950.71	76 738.35
城市商业银行	3 180.23	26 387.10	1 789.29	30 675.58
农村商业银行	1 996.16	18 032.60	696.74	10 859.65
城市信用社	63.21	830.06	162.50	1 966.18
农村信用社	1 366.14	12 126.88	1 859.15	18 929.17
外资银行	23.71	438.74	359.92	4 580.81
其他	703.44	4 386.86	962.62	39 580.92
合计	22 890.98	250 311.61	22 531.13	406 209.12

注：1. 本表由各同城票据交换所（票据清算中心）根据本单位票据交换清算业务量情况填报。

2. “其他”指中国人民银行各分支机构等。

情况年报表

单位：万笔、亿元

提入票据				应付总金额	应收总金额
借记		贷记			
笔数	金额	笔数	金额		
23.49	700.05	45.22	3 482.80	4 712.44	4 241.17
12 816.24	148 083.60	11 641.38	215 979.36	366 949.67	345 232.92
3 901.65	52 772.50	2 338.52	74 864.38	129 510.85	132 961.82
3 037.31	22 075.28	1 916.99	31 050.27	52 750.86	57 437.37
1 572.60	12 345.15	665.02	9 628.27	23 204.80	27 660.87
39.63	548.91	120.46	1 868.98	2 515.09	2 699.04
1 037.11	7 669.98	1 158.65	18 892.10	26 599.15	31 018.98
39.71	596.00	76.31	3 334.18	5 176.81	3 772.92
423.24	5 520.14	4 568.58	47 108.78	45 101.06	51 495.64
22 890.98	250 311.61	22 531.13	406 209.12	656 520.73	656 520.73

表七 银行业金融机构行内支付系统

业务量 行别	借记	
	笔数	金额
政策性银行	0.00	0.47
国有商业银行	32 479.04	482 019.12
股份制商业银行	1 921.78	178 611.34
城市商业银行	9 511.03	79 440.90
农村商业银行	1 956.59	9 837.84
城市信用社	166.36	1 481.30
农村信用社	8 054.70	26 259.47
外资银行	0.77	128.79
邮政储蓄机构	131.40	1 617.67
合计	54 221.67	779 396.90

支付业务情况年报表

单位：万笔、亿元

贷记		小计	
笔数	金额	笔数	金额
33.09	6 954.37	33.09	6 954.84
51 744.95	1 078 045.51	84 223.99	1 560 064.63
4 682.46	221 837.84	6 604.24	400 449.18
9 116.82	84 083.93	18 627.85	163 524.83
1 880.88	41 608.94	3 837.47	51 446.78
219.77	2 139.19	386.13	3 620.49
10 183.50	36 800.34	18 238.20	63 059.81
0.90	155.40	1.67	284.19
20 662.28	5 380.02	20 793.68	6 997.69
98 524.65	1 477 005.54	152 746.32	2 256 402.44

表八　银行卡跨行交易

项目 / 行别	存现				取现							
					ATM				柜面			
	发卡		受理		发卡		受理		发卡		受理	
	笔数	金额	笔数	金额	笔数	金额	笔数	金额	笔数	金额	笔数	金额
国有商业银行	0.00	1.59	0.00	0.00	43 264.75	2 638.51	44 610.61	2 814.47	11.35	1.09	0.00	0.00
股份制商业银行	68.50	38.41	50.02	20.19	21 227.57	1 483.02	16 701.66	1 103.67	4.27	8.87	2.27	4.27
城市商业银行	6.77	29.71	29.98	74.91	3 778.47	234.16	4 197.43	243.67	3.92	13.10	10.22	44.13
农村商业银行	0.01	0.05	0.29	0.35	1 094.15	65.01	3 099.25	180.87	0.04	0.02	0.19	0.12
城市信用社	5.31	39.75	0.27	2.95	37.65	2.25	13.85	0.79	4.99	27.89	0.24	1.43
农村信用社	0.00	0.00	0.00	1.35	1 800.59	111.91	4 451.61	229.98	0.16	0.04	7.25	0.72
邮政储蓄机构	0.00	0.00	0.00	0.00	7 940.82	351.46	5 083.49	252.29	0.00	0.00	0.00	0.00
其他	0.01	0.02	0.01	9.59	34.87	2.88	482.16	36.64	0.00	0.03	4.27	0.42
合计	80.60	109.53	80.57	109.34	79 178.87	4 889.20	78 640.06	4 862.38	24.73	51.04	24.44	51.09

情况年报表

单位：万笔、亿元

POS 消费				转账							
发卡		收单		ATM				柜面			
				发卡		受理		发卡		受理	
笔数	金额	笔数	金额	笔数	金额	笔数	金额	笔数	金额	笔数	金额
46 336. 68	8 593. 67	33 146. 94	4 788. 45	77. 03	63. 41	61. 52	62. 30	0. 22	9. 05	0. 00	10. 27
29 687. 52	2 616. 76	9 620. 21	1 556. 37	54. 00	12. 08	35. 06	12. 14	3. 40	19. 08	0. 03	6. 92
4 682. 87	48. 56	3 508. 05	421. 20	16. 42	10. 13	14. 06	14. 88	0. 63	9. 98	1. 05	17. 24
725. 63	73. 45	216. 03	40. 69	1. 79	5. 84	10. 45	0. 63	0. 03	0. 10	0. 00	0. 00
8. 87	1. 61	4. 18	2. 10	0. 52	4. 95	0. 24	1. 11	0. 60	9. 87	0. 16	2. 83
1 316. 89	363. 69	1 411. 39	200. 41	8. 27	5. 58	14. 79	4. 24	0. 00	0. 73	0. 00	0. 00
3 496. 33	579. 92	57. 15	7. 79	20. 06	1. 69	15. 18	1. 73	0. 00	3. 42	0. 00	0. 00
412. 41	13. 60	35 702. 73	5 141. 06	0. 07	0. 01	1. 35	5. 77	0. 00	0. 00	3. 60	15. 36
86 667. 20	12 591. 26	83 666. 68	12 158. 07	178. 16	103. 69	152. 65	102. 80	4. 88	52. 23	4. 84	52. 62

三、银行结算账户类报表

表九　银行结算账户数量

账户性质 / 行别	本地存款人					异地存							
	基本存款账户	一般存款账户	专用存款账户	临时存款账户	小计	基本存款账户				一般存款账户			
						同一地市	同一省市	不同省市	小计	同一地市	同一省市	不同省市	小计
政策性银行	3.34	0.93	4.07	0.00	8.34	0.13	0.01	0.00	0.14	0.17	0.34	0.03	0.54
国有商业银行	489.11	203.81	123.11	6.01	822.04	3.76	0.47	0.20	4.43	7.09	3.83	2.67	13.59
股份制商业银行	93.90	85.35	8.72	0.67	188.64	0.61	0.08	0.05	0.74	3.52	4.53	2.28	10.33
城市商业银行	96.12	64.21	13.10	0.88	174.31	0.85	0.09	0.04	0.98	1.80	1.03	0.77	3.60
农村商业银行	40.17	11.89	3.59	0.03	55.68	0.00	0.01	0.03	0.04	0.03	0.05	0.08	0.16
城市信用社	9.14	3.84	0.78	0.12	13.88	0.20	0.01	0.00	0.22	0.47	0.14	0.06	0.67
农村信用社	148.03	39.93	25.40	1.81	215.17	0.82	0.13	0.03	0.98	1.85	0.70	0.35	2.90
外资银行	0.46	1.89	0.00	0.00	2.35	0.00	0.00	0.00	0.00	0.03	0.02	0.61	0.66
邮政储蓄机构													
合 计	880.27	411.85	178.77	9.52	1 480.41	6.37	0.80	0.35	7.53	14.96	10.64	6.85	32.45

注：银行结算账户类报表数据均为截至2006年12月31日的存量数据，下同。

年报表（按行别）

单位：万户

款人									个人银行账户	合计
专用存款账户				临时存款账户				小计		
同一地市	同一省市	不同省市	小计	同一地市	同一省市	不同省市	小计			
0. 12	0. 02	0. 00	0. 14	0. 01	0. 00	0. 00	0. 01	0. 83	0. 00	9. 17
1. 52	0. 89	0. 51	2. 92	1. 03	2. 86	3. 21	7. 10	28. 04	136 583. 35	137 433. 43
0. 04	0. 05	0. 05	0. 14	0. 02	0. 13	0. 31	0. 46	11. 67	16 364. 13	16 564. 44
0. 07	0. 05	0. 02	0. 14	0. 03	0. 15	0. 25	0. 43	5. 15	6 860. 77	7 040. 23
0. 00	0. 00	0. 00	0. 00	0. 00	0. 00	0. 07	0. 07	0. 27	1 403. 77	1 459. 72
0. 02	0. 01	0. 01	0. 04	0. 01	0. 12	0. 01	0. 14	1. 07	167. 32	182. 27
0. 27	0. 07	0. 02	0. 36	0. 13	0. 18	0. 10	0. 41	4. 65	9 364. 78	9 584. 60
0. 00	0. 00	0. 00	0. 00	0. 00	0. 00	0. 00	0. 00	0. 66	5. 89	8. 90
									26 851. 28	26 851. 28
2. 04	1. 09	0. 61	3. 74	1. 23	3. 44	3. 95	8. 62	52. 34	197 601. 29	199 134. 04

表十　银行结算账户数量年报

注册资金规模 / 账户性质 / 行别	100万元以下				100万~1 000万元			
	基本存款账户	一般存款账户	专用存款账户	临时存款账户	基本存款账户	一般存款账户	专用存款账户	临时存款账户
政策性银行	1.99	0.43	2.37	0.01	1.23	0.44	1.44	0.00
国有商业银行	392.52	115.54	87.26	5.61	80.86	66.94	23.04	2.91
股份制商业银行	73.01	40.60	5.19	0.63	17.74	30.62	2.00	0.22
城市商业银行	80.22	38.74	8.85	0.82	14.99	20.90	3.26	0.24
农村商业银行	34.78	7.54	2.57	0.04	4.89	3.33	0.78	0.04
城市信用社	7.41	2.28	0.44	0.13	1.78	1.54	0.28	0.06
农村信用社	127.75	23.37	21.06	1.45	19.32	14.12	3.41	0.42
外资银行	0.21	0.35	0.00	0.00	0.21	1.06	0.00	0.00
合 计	717.89	228.85	127.74	8.69	141.02	138.95	34.21	3.89

表（按注册资金规模）

单位：万户

1 000 万～10 000 万元				10 000 万元以上				小计				合计
基本存款账户	一般存款账户	专用存款账户	临时存款账户	基本存款账户	一般存款账户	专用存款账户	临时存款账户	基本存款账户	一般存款账户	专用存款账户	临时存款账户	
0. 21	0. 31	0. 32	0. 00	0. 05	0. 29	0. 08	0. 00	3. 48	1. 47	4. 21	0. 01	9. 17
17. 35	28. 59	11. 36	3. 54	2. 81	6. 33	4. 37	1. 05	493. 54	217. 40	126. 03	13. 11	850. 08
3. 46	18. 60	1. 08	0. 21	0. 43	5. 86	0. 59	0. 07	94. 64	95. 68	8. 86	1. 13	200. 31
1. 70	6. 78	0. 86	0. 20	0. 19	1. 39	0. 27	0. 05	97. 10	67. 81	13. 24	1. 31	179. 46
0. 50	1. 02	0. 20	0. 02	0. 04	0. 16	0. 04	0. 00	40. 21	12. 05	3. 59	0. 10	55. 95
0. 15	0. 59	0. 08	0. 06	0. 02	0. 10	0. 02	0. 01	9. 36	4. 51	0. 82	0. 26	14. 95
1. 77	4. 79	1. 13	0. 31	0. 17	0. 55	0. 16	0. 04	149. 01	42. 83	25. 76	2. 22	219. 82
0. 04	0. 80	0. 00	0. 00	0. 00	0. 34	0. 00	0. 00	0. 46	2. 55	0. 00	0. 00	3. 01
25. 18	61. 48	15. 03	4. 34	3. 71	15. 02	5. 53	1. 22	887. 80	444. 30	182. 51	18. 14	1 532. 75

表十一　银行结算账户数量

行业分类 / 账户性质 / 行别	农、林、牧、渔业				采掘业			
	基本存款账户	一般存款账户	专用存款账户	临时存款账户	基本存款账户	一般存款账户	专用存款账户	临时存款账户
政策性银行	1.64	0.18	1.52	0.00	0.00	0.01	0.00	0.00
国有商业银行	12.78	3.40	3.62	0.14	5.04	1.90	1.17	0.12
股份制商业银行	0.62	0.87	0.09	0.01	0.15	0.43	0.03	0.00
城市商业银行	0.72	0.68	0.14	0.01	0.24	0.28	0.06	0.00
农村商业银行	1.02	0.12	0.06	0.00	0.06	0.03	0.01	0.00
城市信用社	0.15	0.08	0.02	0.00	0.12	0.11	0.02	0.00
农村信用社	8.22	1.02	1.11	0.05	2.00	0.51	0.27	0.02
外资银行	0.00	0.01	0.00	0.00	0.00	0.01	0.00	0.00
合 计	25.15	6.36	6.56	0.21	7.61	3.28	1.56	0.14

年报表（按行业归属）

单位：万户

制造业				电力、燃气及水的生产和供应业				建筑业			
基本存款账户	一般存款账户	专用存款账户	临时存款账户	基本存款账户	一般存款账户	专用存款账户	临时存款账户	基本存款账户	一般存款账户	专用存款账户	临时存款账户
0. 15	0. 27	0. 17	0. 00	0. 00	0. 07	0. 00	0. 00	0. 00	0. 06	0. 00	0. 00
91. 73	64. 74	18. 57	0. 45	6. 16	3. 63	4. 01	0. 24	17. 12	10. 52	4. 68	6. 46
9. 32	20. 94	1. 64	0. 06	0. 45	1. 27	0. 13	0. 01	3. 22	4. 76	0. 42	0. 44
10. 16	13. 24	1. 75	0. 06	0. 45	0. 67	0. 16	0. 01	3. 60	3. 79	0. 71	0. 42
11. 39	5. 41	1. 65	0. 03	0. 12	0. 11	0. 02	0. 00	1. 07	0. 48	0. 10	0. 04
1. 02	1. 13	0. 04	0. 01	0. 09	0. 10	0. 12	0. 00	0. 35	0. 29	0. 07	0. 09
37. 54	15. 27	2. 22	0. 10	2. 57	1. 16	1. 13	0. 03	3. 88	2. 35	0. 41	0. 68
0. 09	1. 25	0. 00	0. 00	0. 00	0. 01	0. 00	0. 00	0. 01	0. 04	0. 00	0. 00
161. 40	122. 25	26. 04	0. 71	9. 84	7. 02	5. 57	0. 29	29. 25	22. 29	6. 39	8. 13

表十一　银行结算账户数量

行业分类 / 账户性质 / 行别	交通运输、仓储和邮政业				信息传输、计算机服务和软件业			
	基本存款账户	一般存款账户	专用存款账户	临时存款账户	基本存款账户	一般存款账户	专用存款账户	临时存款账户
政策性银行	0.32	0.05	0.36	0.00	0.00	0.01	0.00	0.00
国有商业银行	12.36	5.27	5.30	0.45	14.01	6.04	3.14	0.06
股份制商业银行	2.04	2.46	0.26	0.02	6.29	4.78	0.34	0.01
城市商业银行	1.77	1.47	0.32	0.03	4.05	3.04	0.56	0.01
农村商业银行	0.75	0.19	0.04	0.01	0.79	0.24	0.03	0.00
城市信用社	0.17	0.11	0.03	0.00	0.19	0.06	0.01	0.00
农村信用社	2.72	0.86	0.59	0.14	1.29	0.72	0.27	0.01
外资银行	0.01	0.07	0.00	0.00	0.03	0.09	0.00	0.00
合 计	20.14	10.48	6.90	0.65	26.65	14.98	4.35	0.09

年报表（按行业归属）（续表）

单位：万户

批发和零售业				住宿和餐饮业				金融业			
基本存款账户	一般存款账户	专用存款账户	临时存款账户	基本存款账户	一般存款账户	专用存款账户	临时存款账户	基本存款账户	一般存款账户	专用存款账户	临时存款账户
0.66	0.12	0.66	0.00	0.01	0.00	0.00	0.00	0.16	0.05	0.33	0.00
128.45	51.62	17.40	0.61	10.14	2.75	1.06	0.04	3.34	2.12	6.86	0.04
31.16	25.39	1.38	0.10	1.92	1.15	0.10	0.01	0.47	0.80	0.61	0.01
35.79	20.46	3.19	0.21	2.13	0.94	0.20	0.01	0.28	0.26	0.24	0.00
12.40	2.59	0.52	0.01	0.90	0.11	0.02	0.00	0.06	0.03	0.04	0.00
3.25	1.22	0.03	0.02	0.24	0.06	0.00	0.00	0.05	0.02	0.03	0.00
23.15	8.55	0.90	0.26	2.09	0.46	0.06	0.01	1.26	0.22	0.97	0.01
0.09	0.45	0.00	0.00	0.01	0.03	0.00	0.00	0.02	0.02	0.00	0.00
234.95	110.40	24.08	1.21	17.44	5.50	1.44	0.07	5.64	3.52	9.08	0.06

表十一　银行结算账户数量

行业分类 / 账户性质 / 行别	房地产业				租赁和商务服务业			
	基本存款账户	一般存款账户	专用存款账户	临时存款账户	基本存款账户	一般存款账户	专用存款账户	临时存款账户
政策性银行	0.00	0.04	0.00	0.00	0.02	0.02	0.02	0.00
国有商业银行	8.93	11.44	4.11	0.26	11.80	4.52	2.27	0.09
股份制商业银行	1.92	5.38	0.37	0.01	3.94	2.49	0.20	0.01
城市商业银行	1.43	2.60	0.43	0.01	3.15	1.88	0.41	0.01
农村商业银行	0.30	0.36	0.07	0.00	0.97	0.25	0.06	0.00
城市信用社	0.14	0.21	0.03	0.01	0.18	0.06	0.00	0.00
农村信用社	1.20	1.86	0.26	0.04	1.69	0.63	0.08	0.01
外资银行	0.01	0.14	0.00	0.00	0.09	0.13	0.00	0.00
合 计	13.93	22.03	5.27	0.33	21.84	9.98	3.04	0.12

年报表（按行业归属）（续表）

单位：万户

科学研究、技术服务和地质勘查业				水利、环境和公共设施管理业				居民服务和其他服务业			
基本存款账户	一般存款账户	专用存款账户	临时存款账户	基本存款账户	一般存款账户	专用存款账户	临时存款账户	基本存款账户	一般存款账户	专用存款账户	临时存款账户
0. 00	0. 01	0. 00	0. 00	0. 00	0. 04	0. 00	0. 00	0. 02	0. 03	0. 03	0. 00
6. 85	1. 98	1. 69	0. 18	4. 39	1. 33	2. 10	0. 50	29. 91	8. 48	3. 90	0. 22
1. 89	1. 20	0. 17	0. 01	0. 49	0. 55	0. 12	0. 02	7. 39	3. 77	0. 35	0. 04
1. 29	0. 88	0. 25	0. 01	0. 45	0. 39	0. 15	0. 03	7. 93	3. 23	0. 73	0. 07
0. 43	0. 09	0. 02	0. 00	0. 11	0. 05	0. 02	0. 00	2. 45	0. 35	0. 14	0. 00
0. 08	0. 03	0. 00	0. 00	0. 06	0. 03	0. 02	0. 01	1. 00	0. 22	0. 02	0. 00
0. 58	0. 21	0. 05	0. 01	1. 11	0. 32	0. 26	0. 09	9. 91	1. 50	0. 80	0. 05
0. 01	0. 03	0. 00	0. 00	0. 00	0. 00	0. 00	0. 00	0. 02	0. 05	0. 00	0. 00
11. 13	4. 43	2. 18	0. 21	6. 61	2. 71	2. 67	0. 65	58. 63	17. 63	5. 97	0. 38

表十一　银行结算账户数量

行业分类／账户性质／行别	教育				卫生、社会保障和社会福利业			
	基本存款账户	一般存款账户	专用存款账户	临时存款账户	基本存款账户	一般存款账户	专用存款账户	临时存款账户
政策性银行	0.00	0.01	0.00	0.00	0.00	0.01	0.02	0.00
国有商业银行	8.34	1.38	3.49	0.05	8.56	1.90	5.53	0.07
股份制商业银行	0.71	0.50	0.17	0.00	0.66	0.54	0.23	0.01
城市商业银行	0.99	0.39	0.27	0.01	0.89	0.50	0.33	0.01
农村合作银行	0.00	0.00	0.00	0.00	0.00	0.00	0.00	0.00
农村商业银行	0.17	0.03	0.04	0.00	0.18	0.05	0.04	0.00
城市信用社	0.11	0.03	0.02	0.00	0.12	0.04	0.04	0.00
农村信用社	5.65	0.31	0.99	0.01	4.49	0.40	1.04	0.02
外资银行	0.00	0.00	0.00	0.00	0.00	0.00	0.00	0.00
合 计	15.97	2.65	4.98	0.07	14.90	3.44	7.23	0.11

年报表（按行业归属）（续表）

单位：万户

文化、教育和娱乐业				公共管理与社会组织				其他行业			
基本存款账户	一般存款账户	专用存款账户	临时存款账户	基本存款账户	一般存款账户	专用存款账户	临时存款账户	基本存款账户	一般存款账户	专用存款账户	临时存款账户
0.00	0.01	0.00	0.00	0.05	0.12	0.45	0.00	0.45	0.36	0.65	0.01
7.97	1.81	1.79	0.09	19.55	2.75	16.25	0.47	86.11	29.82	19.09	2.57
2.26	1.02	0.13	0.03	1.42	0.73	0.76	0.04	18.32	16.65	1.36	0.29
1.54	0.79	0.22	0.02	1.57	0.65	0.79	0.04	18.67	11.67	2.33	0.34
0.00	0.00	0.00	0.00	0.01	0.00	0.00	0.00	0.02	0.02	0.01	0.00
0.49	0.08	0.02	0.00	0.77	0.15	0.27	0.00	5.78	1.33	0.42	0.01
0.10	0.03	0.01	0.00	0.21	0.09	0.13	0.01	1.73	0.59	0.18	0.11
1.35	0.27	0.25	0.01	12.64	0.85	8.34	0.14	25.67	5.36	5.76	0.53
0.00	0.01	0.00	0.00	0.00	0.00	0.00	0.00	0.07	0.21	0.00	0.00
13.71	4.02	2.42	0.15	36.21	5.34	26.99	0.70	156.80	65.99	29.79	3.86

表十一 银行结算账户数量

行业分类 / 账户性质 / 行别	小	
	基本存款账户	一般存款账户
政策性银行	3.48	1.47
国有商业银行	493.54	217.40
股份制商业银行	94.64	95.68
城市商业银行	97.10	67.81
农村商业银行	40.21	12.05
城市信用社	9.36	4.51
农村信用社	149.01	42.83
外资银行	0.46	2.55
合 计	887.80	444.30

年报表（按行业归属）（续表）

单位：万户

计		合计
专用存款账户	临时存款账户	
4.21	0.01	9.17
126.03	13.11	850.08
8.86	1.13	200.31
13.24	1.31	179.46
3.59	0.10	55.95
0.82	0.26	14.95
25.76	2.22	219.82
0.00	0.00	3.01
182.51	18.14	1 532.75

表十二　银行结算账户数量年报表

存款人类别 / 账户性质 / 行别	企业法人			
	基本存款账户	一般存款账户	专用存款账户	临时存款账户
政策性银行	3.07	1.13	3.00	0.00
国有商业银行	289.12	182.78	67.02	6.55
股份制商业银行	70.01	85.91	5.67	0.45
城市商业银行	62.18	58.39	9.61	0.40
农村商业银行	22.43	9.63	2.25	0.06
城市信用社	4.68	3.77	0.31	0.12
农村信用社	56.81	33.77	6.90	0.57
外资银行	0.31	2.41	0.00	0.00
合计	508.61	377.79	94.76	8.15

（按存款人类别）

单位：万户

非法人企业				机关、事业单位			
基本存款账户	一般存款账户	专用存款账户	临时存款账户	基本存款账户	一般存款账户	专用存款账户	临时存款账户
0.17	0.05	0.23	0.00	0.17	0.27	0.95	0.00
49.16	18.57	13.14	0.46	45.38	7.90	42.77	0.07
7.46	5.12	0.93	0.02	1.92	2.10	2.00	0.00
7.87	4.19	0.81	0.02	2.98	2.87	2.32	0.00
5.03	1.37	0.52	0.01	0.44	0.24	0.35	0.00
0.69	0.27	0.03	0.01	0.60	0.21	0.45	0.00
17.00	4.16	1.51	0.04	18.84	2.02	14.98	0.01
0.03	0.08	0.00	0.00	0.00	0.00	0.00	0.00
87.41	33.81	17.17	0.56	70.33	15.61	63.82	0.08

表十二 银行结算账户数量年报表

存款人类别 / 账户性质 / 行别	社会团体				民办非企业组织			
	基本存款账户	一般存款账户	专用存款账户	临时存款账户	基本存款账户	一般存款账户	专用存款账户	临时存款账户
政策性银行	0.01	0.01	0.00	0.00	0.00	0.00	0.00	0.00
国有商业银行	9.75	0.42	0.49	0.00	3.59	0.52	0.25	0.00
股份制商业银行	1.33	0.25	0.05	0.00	0.66	0.24	0.03	0.00
城市商业银行	1.42	0.17	0.07	0.00	0.85	0.22	0.07	0.00
农村商业银行	0.32	0.02	0.01	0.00	0.11	0.02	0.01	0.00
城市信用社	0.14	0.01	0.01	0.00	0.09	0.01	0.00	0.00
农村信用社	2.09	0.09	0.10	0.00	1.01	0.10	0.03	0.00
外资银行	0.00	0.00	0.00	0.00	0.00	0.00	0.00	0.00
合 计	15.06	0.97	0.73	0.00	6.31	1.11	0.39	0.00

（按存款人类别）（续表）

单位：万户

异地常设机构				外国驻华机构				个体工商户			
基本存款账户	一般存款账户	专用存款账户	临时存款账户	基本存款账户	一般存款账户	专用存款账户	临时存款账户	基本存款账户	一般存款账户	专用存款账户	临时存款账户
0.00	0.00	0.00	0.00	0.00	0.00	0.00	0.00	0.05	0.01	0.03	0.00
0.83	0.09	0.06	0.00	0.82	0.07	0.03	0.00	82.77	5.41	0.76	0.04
0.28	0.06	0.02	0.00	0.31	0.07	0.00	0.00	11.39	1.42	0.07	0.00
0.15	0.04	0.01	0.00	0.05	0.03	0.00	0.00	19.11	1.39	0.21	0.01
0.00	0.00	0.00	0.00	0.00	0.00	0.00	0.00	10.17	0.67	0.26	0.01
0.00	0.00	0.00	0.00	0.00	0.00	0.00	0.00	2.88	0.18	0.00	0.00
0.03	0.01	0.00	0.00	0.01	0.00	0.00	0.00	31.54	2.10	0.34	0.01
0.00	0.01	0.00	0.00	0.04	0.02	0.00	0.00	0.00	0.01	0.00	0.00
1.29	0.21	0.09	0.00	1.23	0.19	0.03	0.00	157.91	11.19	1.67	0.07

表十二　银行结算账户数量年报表

行别 \ 账户性质 \ 存款人类别	居民委员会、村民委员会、社区委员会				单位设立的独立核算的附属机构			
	基本存款账户	一般存款账户	专用存款账户	临时存款账户	基本存款账户	一般存款账户	专用存款账户	临时存款账户
政策性银行	0.00	0.00	0.00	0.00	0.00	0.00	0.00	0.00
国有商业银行	2.34	0.57	0.30	0.00	3.39	0.18	0.36	0.01
股份制商业银行	0.09	0.09	0.03	0.00	0.29	0.05	0.01	0.00
城市商业银行	0.30	0.16	0.05	0.00	0.40	0.05	0.01	0.00
农村商业银行	0.72	0.05	0.14	0.00	0.32	0.01	0.01	0.00
城市信用社	0.14	0.04	0.01	0.00	0.05	0.00	0.00	0.00
农村信用社	15.40	0.31	1.47	0.00	1.78	0.05	0.09	0.00
外资银行	0.00	0.00	0.00	0.00	0.00	0.00	0.00	0.00
合 计	18.99	1.22	2.00	0.00	6.23	0.34	0.48	0.01

（按存款人类别）（续表）

单位：万户

其他组织				小　　计				合计
基本存款账户	一般存款账户	专用存款账户	临时存款账户	基本存款账户	一般存款账户	专用存款账户	临时存款账户	
0. 01	0. 00	0. 00	0. 01	3. 48	1. 47	4. 21	0. 01	9. 17
6. 30	0. 80	0. 85	5. 08	403. 54	217. 40	126. 03	13. 11	850. 08
0. 90	0. 37	0. 05	0. 66	94. 64	95. 68	8. 86	1. 13	200. 31
1. 79	0. 30	0. 08	0. 88	97. 10	67. 81	13. 24	1. 31	179. 46
0. 67	0. 04	0. 04	0. 02	40. 21	12. 05	3. 59	0. 10	55. 95
0. 09	0. 02	0. 01	0. 13	9. 36	4. 51	0. 82	0. 26	14. 95
4. 50	0. 22	0. 34	1. 59	149. 01	42. 83	25. 76	2. 22	219. 82
0. 08	0. 02	0. 00	0. 00	0. 46	2. 55	0. 00	0. 00	3. 01
14. 43	1. 86	1. 37	9. 27	887. 80	444. 30	182. 51	18. 14	1 532. 75

四、支付业务报表主要指标释义

表一　支付工具结构情况年报表

银行汇票、银行本票的笔数和金额： 出票行借记客户账户，实际结清的汇票、本票的笔数和金额。

支票笔数和金额： 出票人开户行借记客户账户，实际支付的支票的笔数和金额。

商业承兑汇票笔数和金额： 商业汇票栏中的商业承兑汇票笔数和金额是指承兑人开户行借记客户账户，实际支付的商业承兑汇票的笔数和金额；委托收款栏中的商业承兑汇票笔数和金额是指以商业承兑汇票为依据发出托收的笔数和金额。

银行承兑汇票笔数和金额： 商业汇票栏中的银行承兑汇票笔数和金额是指承兑行借记客户账户，实际付款的银行承兑汇票的笔数和金额；委托收款栏中的银行承兑汇票笔数和金额是指以银行承兑汇票为依据发出托收的笔数和金额。

国内信用证笔数和金额： 开证行借记客户账户，实际支付的国内信用证的笔数和金额。

汇兑笔数和金额： 汇出行借记客户账户的笔数和金额

表二　银行卡业务情况年报表

银行卡数量： 统计期间可以正常进行支付交易的银行卡数量，因销卡、挂失、未激活等原因无法使用的银行卡不在统计范围之内。

当期发卡数量： 当期净增的银行卡数量，包括主卡和附属卡，不包括换卡、补卡。

存现笔数和金额： 银行卡通过 ATM、柜面或其他设备存现交易笔数和金额。

取现笔数和金额： 银行卡通过 ATM、柜面或其他设备取现交易笔数和金额。

消费笔数和金额： 银行卡 POS 消费交易笔数和金额。

转账笔数和金额： 银行卡 ATM 和柜面资金转出交易笔数和金额。

表六　同城票据清算业务情况年报表

应付总金额： 清算行在每场票据交换中提出贷记票据金额与提入借记票据金额之和。

应收总金额： 清算行在每场票据交换中提出借记票据金额与提入贷记票据金额之和。

表七　银行业金融机构行内支付系统业务情况年报表

行内支付系统： 包括银行业金融机构自有的所有处理支付业务的系统。

借记、贷记：银行业金融机构通过其行内支付系统发起的借记业务和贷记业务。

表八　银行卡跨行交易情况年报表

存现：通过 ATM 或柜面发起的跨行存现业务。

取现：通过 ATM 或柜面发起的跨行取现业务。

转账：通过 ATM 或柜面发起的跨行资金转出业务。

发卡：存现、取现下的“发卡”指本行所发银行卡在其他银行的 ATM、柜面发起的存取现业务；转账下的“发卡”是指本行所发银行卡在其他银行的 ATM、柜面发起的资金转出业务；POS 消费下的“发卡”是指本行所发银行卡通过银行卡清算组织交换的“POS 消费”业务。

受理：本行的 ATM、柜面受理他行的银行卡的存取现、转账业务。

收单：收单机构受理他行银行卡的“POS 消费”业务。

跋

《中华人民共和国中国人民银行法》规定，中国人民银行在国务院领导下承担制定和执行货币政策、维护金融稳定、提供金融服务三大职能。作为法律赋予的重要职责之一，中国人民银行金融服务工作是全社会金融服务工作的基础性环节，与制定和执行货币政策、维护金融稳定处于同等重要的地位。

为提高工作透明度，中国人民银行决定，从2006年开始出版发行《中国人民银行金融服务报告》。《中国人民银行金融服务报告》将全面介绍中国人民银行提供的支付结算、反洗钱、国库、征信、货币发行、金融统计、金融法制建设、科技等金融服务，以及有关专题研究成果，希望进一步增进社会各界对中国人民银行金融服务及有关工作的了解、支持和参与。

《中国人民银行金融服务报告》是一个系列报告，由中国人民银行研究局会同办公厅负责《中国人民银行金融服务报告》的总体协调工作，有关司局负责撰写，原则上每年出版四期，每期突出一个主题。敬请广大读者批评指正。